经济学越简单越实用

栾振芳／编著

中國華僑出版社
北京

前言

PREFACE

在现实中，我们的生活时刻被经济的影子所萦绕，无论做什么都充满着经济的味道。经常关注各大门户网站的人，很容易就会总结出目前中国的热点问题，所有这些问题没有一个不与经济学密切相关，也没有一个不与老百姓的切身利益密切相关，有心者也许还会注意到，我们的一举一动几乎都与经济学有着千丝万缕的联系。人的一生有几个关键时期：初涉人世、升学就业、成家立业，每一个时期都对整个人生的成败影响深远：当我们是学生时，要和家人商讨是读普通学校还是入读名校；临近大学毕业，我们要进行考研还是工作的抉择；走上社会了，我们要考虑是找份符合个人兴趣的工作还是找份儿体面的工作；有一天我们创业了，我们要选择个好地段做生意，还要思考如何占领市场，如何提高产品竞争力；还有我们的终身大事，该娶一个什么样的老婆，该嫁一个什么样的老公，在感情和面包之间如何选择……凡此种种，这些对我们人生的成败影响深远的大事背后都隐藏着一定的经济学规律和法则，甚至就连一些鸡毛蒜皮的小事都与经济学有着莫大的关联。我们的生活已经离不开经济学。用经济学的原理来反观我们的生活，其实我们就生活在一个经济学乐园里，人生时时皆经济，生活处处皆经济。

为了帮助大家摆脱“经济盲”的状态，在日常生活中更加得心应手，更好地保护自己的利益，我们精心编写了这部《经济学越简单越实用》。本书用通俗易懂的语言对经济学的本质、经济学独特的思考方式以及经济学的基本概念和规律进行了系统而深入浅出的讲解，并通过大量的生活案例，从日常生活、教育、职场、消费等方面，全面剖析了经济学在社会各个领域的广泛应用以及经济学规律对生活的巨大作用，帮助广大读者掌握经济学的精髓，学会用经济学的视角和思维观察、剖析种种生活现象，指导自己的行为，奠定成功人生的基础。

目录

CONTENTS

第一章 价格谜思：为什么物以稀为贵

第三节　税收——从国家诞生开始

第五章 经济周期：看懂经济大势，守住自己的钱

第一节　经济周期——利用经济的枯荣赚钱

第二节　通货膨胀——钱是如何变没的

第三节 经济危机——都是贪婪惹的祸

第一章

价格谜思：为什么物以稀为贵

第一节

市场——左右价格的神奇妙手

超市中总有卖不完的面包

通俗地说，市场应被理解成是一种买者和卖者决定价格并交换物品或劳务的机制。从艺术到环境，几乎每一样东西都存在相应的市场。市场可以是集中的，如股票市场；也可以是分散的，如房地产或劳动力市场。它甚至可以是电子化的，例如许多金融资产或服务是通过电脑进行交易的。市场的最关键特征是将买者和卖者会集到一起，共同决定商品的价格和成交的数量。

市场是一部复杂而精良的机器，它通过价格和市场体系对个人和企业的各种经济活动进行协调。它也是一部传递信息的机器，能将成千上万的各不相同的个人的知识和活动汇集在一起。在没有集中的智慧或计算的情况下，它解决了一个连当今最快的超级计算机也无能为力的涉及亿万个未知变量或相关关系的生产和分配等问题。并没有人去刻意地加以管理，但是市场却一直相当成功地运行着。在市场经济中，没有一个单独的个人或组织专门负责生产、消费、分配和定价等问题。

我们通常想当然地认为经济会顺利进行。当你走进一家超市时，你想要的东西——面包、麦片粥、香蕉等通常都摆在货架上。你付款之后就可以将这些食物打包带走，然后美美地享用。世上还有什么事比这更简单呢？

如果稍稍想一想并仔细观察一下，你也许会对每天为你提供面包的市场机制赞叹不已。这些食物在提供给你之前可能已经经历了5个或10个环节，它们成年累月地穿越全球的每一个国家、每一个角落，先后经过农民、食品加工者、包装员、运货员、批发商及零售商等一整套链条。整个过程似乎是一个奇迹：适量的食品被生产出来，运送到合适的地点，超市中总是有卖不完的面包。

除了有卖不完的面包，还有牛奶、咖啡等，只要你需要就能够在超市中找到。而真正的奇迹是，整个体系运行过程中，没有任何人进行统一指导或强制运作。成千上万的企业和消费者自发地进行交易，他们的活动和目的通过看不见的价格和市场机制得以协调。没有任何人决定生产多少鸡肉，货车运往哪里，以及超级市场何时开业。然而，最终当你需要时，食品便会出现在商店里。

如果我们仔细观察我们的经济，就会很容易地发现市场无时不在我们周围创造类似的奇迹，成千上万的人无须统一指导或指令性计划，自愿地生产出许许多多产品。事实上，除了极个别的例外（如军队、政府和学校），我们的大部分经济生活都是在没

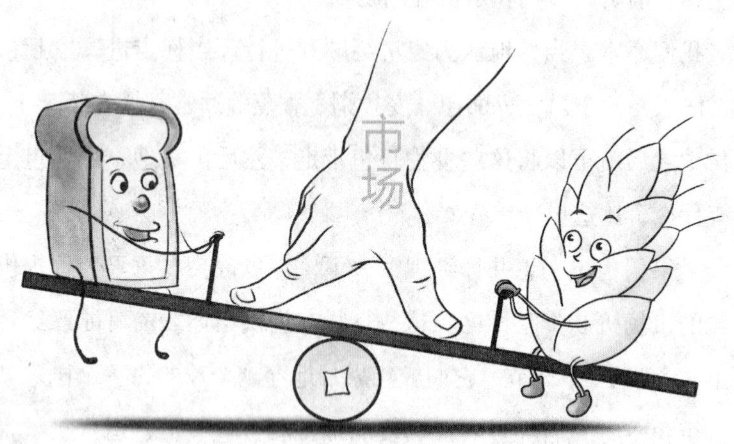

有政府干预的情况下进行的，这才是人类社会真正的奇迹所在。

近代“经济学之父”亚当·斯密提出实现市场秩序井然有序的神秘力量就是有“一只看不见的手”在掌控着市场。这一发现是经济学史上最伟大的成就。人们在追逐利益之下对经济事项进行各种决策的结果就是整个社会通过“一只看不见的手”来进行调和，实现均衡。这只手就是追逐经济利益的我们的核心，它通过市场价格机制来实现。

价格对保证超市随时拥有充足的面包发挥了极为重要的作用。对于生产者和消费者来说，价格是一种极为有效的调控信号。如果消费者需要更多数量的某种物品，该物品的价格就会上升，从而向生产者传递出供给不足的信号。例如，每年夏天，由于许多家庭外出旅行，汽油的需求量会大幅度上升，从而价格也会上升。较高的价位一方面刺激石油公司增加产量，另一方面抑制旅行者延长行程的愿望。

此外，“看得见的手”对“看不见的手”的有形管制，也是使得超市能够有充足面包供应的重要原因之一。正如凯恩斯所强调的，经济学的基本课题之一就是确定政府同市场的合理界限。如果我们追溯一下现存的界限是如何发展起来的话，那么我们对这个问题也许会有进一步的理解。

在中世纪，欧洲和亚洲的经济活动大多由贵族阶层和城镇行会来指导。然而，大约两个世纪以前，政府对价格和生产方法的控制力开始日渐减少。封建主义的枷锁逐渐让位于我们称为“市场机制”或“竞争资本主义”的制度。

在计划经济时代，如果要买米的话，就必须到粮店。粮店那些人服务态度非常差，和他们关系好的话，就可以买到好的米，否则就只能买到差的米，并且还短斤缺两。总之，老是要看他们眼色，不敢显露半点不满。

无论是在欧洲的封建社会还是现代计划经济时期，不光是大米，还有很多东西都是无法用金钱直接买到的。缺乏市场的自我调节，没有明码标价，你永远不知道要获取它的代价是多少。单纯从价格角度来看，很多东西确实很便宜，但就是买不到。买不到的东西，即使价格便宜也是没有任何意义的。没有市场的地方，只是人们获取东西的竞争规则发生了变化，从货币转变为其他方式，但代价是永远存在的。

市场经济相比于计划经济，在价格机制上的交易以灵活见长。在市场体系中，每样东西都在价值的基础上确立价格。价格代表了消费者与厂商愿意交换各自商品的条件。如果消费者同意以4000元的价格购入一台冰箱，这就表明该冰箱对于消费者的价值高于4000元，而这一价格也高于交易商眼中该冰箱的价值。这样，冰箱市场就决定冰箱的价格，并通过自愿交易将冰箱分配给那些对其具有最高价值的人。

在既有的经济秩序下，市场经济一直在良好地运转着。

电影院的爆米花要更贵一些

毫无疑问，现在越来越多中国人的生活方式开始西方化。早晨吃全麦面包喝脱脂牛奶，把在肯德基或者麦当劳里解决午餐当成一种习惯，到了周末就会充分利用自己的闲暇时间进行放松——电影院也许是周末消遣的最好去处之一。一张电影票，一桶爆米花，一上午的时间悠然自得。

喜欢在电影院一边看电影一边吃掉一桶爆米花和喝掉一大瓶汽水，就像边看棒球赛边吃几个热狗喝啤酒一样。这样的外出消费在任何家庭的娱乐预算中都占了不小的部分。

但是细心的你发现没有，电影院的爆米花更贵一些，为什么呢？这先要从电影院这个小市场的定价系统说起。一般来说，电影院在定价上都有以下特点：

第一，电影院对非老年人与儿童（一般指13岁以下的）和老年人（一般指55岁及以上）收的票价不一样，但是爆米花以及其他商品的价格却都是一样的。

第二，在电影院大桶（只有7盎司，1盎司=28.350克）爆米花的价格是7美元，也就是相当于1盎司1美元。另外，一桶爆米花的价格几乎是（非老年人）成年人电影票价格的75%，是儿童或老年人票价的90%以上。可是一大包玉米粒有多么便宜？粮店以0.85美元/磅出售2磅重的袋装玉米。而且，一磅重的玉米大概能爆出3桶多电影院卖的爆米花。加上植物油和材料成本，

在家制作电影院出售的一桶爆米花只需要 0.55 美元。这就表明电影院卖的桶装爆米花价格是在家制作爆米花的成本 13 倍左右，而且电影院单从材料上获得的利润一定超过 90%——它们在大量购买玉米和油的时候往往能够获得折扣。

价格差异是显而易见的，但这只是市场运转的最后表现。从源头上说，电影院爆米花更贵主要与那里的爆米花供应存在明显的卖方市场优势有关。由于电影院中爆米花供应只有一方，再加上很多电影院不让带零食进入，爆米花供给小于需求，卖方在交易上处于有利地位。在卖方市场上，商品供给量少，由于供不应求而不能满足市场的需求，即使商品质次价高也能被销售出去，商品价格呈上涨趋势。卖方在交易上处于主动地位。

卖方市场的存在，意味着商品交换中买卖双方之间的平等关系，已被商品的供不应求所打破。卖方市场是商品经济特有的现象。资本主义商品经济中的卖方市场是在价值规律的自发调节之下，伴随着资本主义再生产周期中的复苏阶段和繁荣阶段出现的；社会主义商品经济发展的一定时期，也会出现卖方市场，这也是社会总供给和社会总需求比例失衡时出现的一种市场状态。

针对这些定价策略有一个简单，也是经常被引用的解释：电影院通过对成年人和儿童以及老年人制定不同的价格来把看电影的人引到它们垄断的商品面前。这就牵扯到一个市场分割的问题。

市场分割就是细分市场，其重要的核心是让同一个分割市场达到最大的同质化，不同的分割市场达到最大异质化。这个做好了，自然定位就出来，不同的细分市场，企业的定位肯定是不同的。而营销组合就是帮助被细分的市场实现定位。这种市场分割经常出现在电影院或机场里爆米花的定价上。

实际上，不同的价格是垄断市场力量的初步印象证据，经济学家一直这么认为。电影院往往有垄断价格的权力。而且，一旦顾客通过检票口的转门，电影院就成功地使顾客容许电影院给爆米花和其他商品定价。毕竟，一些电影院在一个城镇或一个城市的某个地区是唯一的一家电影院，要想看一部时下刚刚上映的电影，比如说 3D 版《泰坦尼克号》就只能去那家电影院。所以爆米花价格没得选，你只能选择吃或者不吃。

如果被问到电影院里的爆米花为什么这么贵，许多确信自己完全清楚这个问题的人会回答："电影院利用叫座儿的电影把人们引诱到了电影院来。这些看电影的人就掉入电影院的设计里，然后不得不购买电影院柜台提供的商品，因为其他销售商不允许在这里与之竞争。"

在众多因素中，我们会发现爆米花价格这么高一部分是由于儿童电影票价的降低。另外，为了提高对爆米花和其他商品的需求，经营者希望降低（相对的）所有票价，从而使电影院提高爆米花和其他商品的价格。这样的话，我们会发现电影院的爆米花事实上非常便宜——在边际价格上！

为什么同样是要占据一个座位，但是儿童票价却比成人票价便宜很多？有一种解释是儿童购买更多的商品——爆米花、汽水和糖果，或者他们让父母购买更多的商品，那父母可能就会买。假设商品的利润在电影院的整体利润中非常重要，电影院就会有降低儿童票价的动力。更低的儿童票价可以看作电影院提高人们对商品需求和提高价格的方法。电影院在儿童票价上损失的部分会从商品收入中得到补偿。

商品的成本越低，电影院的要价越高，那电影票价降低得越多。从这个角度来看，我们能公正地解释为什么电影院里的爆米花卖得贵——爆米花过高的价格可以弥补一部分降低的儿童票价。

价格无疑是市场经济中最重要的信号，因为它传递了有关成本和支付意愿的重要信息。一般人认为在高价电影票里一定有爆米花的成本，事实上，高价影院提供的经常是很差的爆米花。这就反映出价格作为信号对市场的影响力了。如果一桶爆米花的均衡价格是 7 美元，这实质上是告诉每个人：存在愿意支付 7 美元或更高价格的消费者，也存在成本等于或低于 7 美元的生产者。

卖方希望买方说出自己愿意付多少钱，可买方却害怕卖方索价过高，于是尽量掩饰自己的真实意图。同样，买方希望了解自己正在考虑的产品够不够好，而知道真实情况的卖方，却不可能透露产品的缺陷。在如此局面下，作为最终决策人的你需要掌握更多的相关信息，通晓价格，来对产品的价格进行衡量，决定从不从自己的口袋里把银子掏出来。

为什么说婚姻自始至终是垄断交易

即使自由市场经济的铁杆粉丝，也不会贸然反对婚姻垄断的合理性。除了要承担道义上的责任外，打破垄断所要支付的社会成本，更得仔细权衡。对像默多克这样的亿万富豪来说，离婚的费用与结婚的费用完全不是一个概念，离婚要比结婚昂贵得多。1998 年 7 月，默多克的第二任妻子、与他结婚已 31 年的安娜·默多克在与默多克分居两个月后提出离婚诉讼，并要求进行双方财产清算。依默多克新闻公司所在地加州的法律，像他们这样长达 30 余年的婚姻，结束时双方可以五五分成。而当时默多克夫妇财产总计高达 60 亿欧元。消息传出后，新闻公司股价在澳大利亚和美国均应声下跌。经过漫长的讨价还价，安娜为了子女继承权的利益而做了让步。尽管如此，默多克仍然向前妻支付了 14 亿欧元的费用，其中 9070 万欧元是现金。经历了恋爱自由市场随心所欲的挑选之后，婚姻围城的垄断让很多人苦不堪言，它不仅导致情感生活的低效，也培养了“唯我独尊”的惰性，更造就了离婚的高昂成本——有钱人的作为只会让市场行情水涨船高。

婚姻自始至终就是一场垄断交易，离婚是打破垄断的最后一搏，离婚难就难在它是要跟金钱扯上关系，除了搞定你与对方曾经的情感纽带——孩子之外，还要清算共有的财产，倘若对方不如你，你就会有如被水蛭上身，遭遇一次被惨“吸”的经历。只不过你没有意识到的是，婚姻垄断交易的开始并不是你们从民政局拿到结婚证，而源于更早之前的恋爱。

恋爱时期的如胶似漆，不只取决于新鲜感（边际效应总是从最高值开始递减），更出于竞争的需要。作为“卖方”，你得具备“待价而沽”的资本，“保值升值”的潜力，以及其他“卖家”所没有的差异化服务。“买方”存在很大的选择余地，就算是上一分钟还是你的女朋友，下一分钟很可能投入别人的怀抱。在开放式的竞争环境中，恋爱双方都需要小心翼翼，谨慎以待。掂量所说的每一句话，斟酌每一次行动，因为它们很可能决定整个交易的成败。

在恋爱的交易中为了获取足够的竞争优势，使自己受到青睐能够在众多觊觎者中拥有心仪的那个人，人们会充分提高自己的质量以增强自身的竞争力。

最终，恋爱双方在交易中达成共识。“买主”在物有所值的诱惑下，“卖主”在备受宠爱的欣喜中，“交易”完美落幕。洋溢着幸福和满足，两个人告别爱情的自由市场，牵手共赴婚姻的垄断围城。

从经济学上说，婚姻是一种介于完全竞争和完全垄断之间的垄断竞争。也就是说，在婚姻当中你的“垄断者”地位并非不可动摇。两个人选择婚姻意味着放弃选择别人的权利，从而相互垄断对方的权利。

在婚姻这个半开放的市场中，其他人也是参与竞争的——他们能够提供不同质的产品或服务，消费者（配偶）也有其他选择。

只是这种竞争并不是平等的，结婚证作为一个货真价实的壁垒保护你对婚姻的各项权利和收益，也限制其他竞争者“准入”；这种消费也不是自由的——情感自由市场的大门已经关闭。贸易保护的坏处，是供求双方都要为此支付高昂代价。垄断竞争的弊端一目了然：资源无法得到合理配置，质次价高。可婚姻的垄断为什么能沿袭至此，长治久安呢？

表面上看，婚姻是男女私事，他们有权选择和决定自己的婚姻生活。但事实上，婚姻更是一种社会行为，它所具有的社会性，决定了婚姻制度的设计，要以增加（而非减少）社会福利为前提。对于单个婚姻而言，鼓励竞争消除壁垒，可以换来低成本和好服务。但是，当所有的婚姻都敞开大门欢迎自由竞争之后，恐怕不是所有人都拥有自由与幸福。自由竞争式婚姻的一个范例就是婚外情的出现，其负的外部性毋庸多言——不仅使婚姻中另一方的利益受损，而且具有不良的示范作用，“诱导”更多的人进行情感走私。

如果我们把婚姻理解为一种受法律保护的长期合同，离婚是解除这一合同的唯一合法手段。婚外情则是标准的违约行为，应该受到惩罚——这通常也是为减少负的外部性产生的手段之一。就像单纯的环保意识不足以制约污染企业的排污行为一样，在控制离婚率上，经济制裁明显要比道德伦理的说教管用。同样，道义的谴责，财产的损失，以及时间、精力、情感等沉没成本的付出，都是离婚者必须承担的代价。这在经济学上可以解释为对婚姻垄断的保护，以及对反垄断的负激励。

市场也有失去效力的时候

一个失业的煤矿工人的儿子问妈妈说："现在天气这样冷，你为什么不生火炉？"

妈妈答道："因为我们没有煤，你爸爸现在失业，我们没有钱买煤。"

"妈妈，爸爸为什么失业？"

"因为煤生产太多了。"据报道，在大危机期间，许多国家大量地炸毁炼铁高炉，美国毁掉92座，英国毁掉28座，法国毁掉10座。在资本主义国家发生经济危机的时候，一方面，大量商品堆积如山，卖不出去。为了维持农产品的价格，农业资本家和大量农场主叫喊生产过剩，大量销毁"过剩"的产品，用小麦和玉米代替煤炭做燃料，把牛奶倒入密西西比河，使这条河变成"银河"，把棉花、布匹烧掉。但另一方面，日益增多的失业工人家庭正在为得不到必要的食物而犯愁。

1973 年的经济危机时期，英国单是伦敦一座城市，就有 10 万套新房空置卖不出去，日本的汽车库存达到 100 万辆以上，电视机库存超过需求量的一倍以上。同时设在美国的洛杉矶、加利福尼亚州的阿特西里牛奶公司，把 38000 多加仑的优质鲜牛奶倒入了臭水沟。而与此形成鲜明对照的是，大量的工人失业，在业工人的实际工资急剧下降，购买能力不断丧失，生活贫困。

由此，提出一个问题：煤和牛奶是不是真的过剩？牛奶过剩为什么一定得倒掉呢？

“倒牛奶”是因为市场失灵。市场是一种资源配置的好办法，市场经济比计划经济更有效率。但市场机制不是万能的，它不可能有效地调节人们经济生活的所有领域，此时就有了市场失灵。经济危机发生时牛奶的价格太低，而农场主为了维护较高的价格，宁愿倒掉牛奶，等待价格回升再重新生产。

所谓市场失灵，是指市场本身不能有效配置资源的情况，或者说市场机制的某种障碍造成配置失误或生产要素的浪费性使用。1929 ~ 1932 年经济大危机就是一次典型的市场失灵。1933 年，整个资本主义世界工业生产下降 40%，各国工业产量倒退到 19 世纪末的水平，世界贸易总额减少 23，美、德、法、英共有 29 万家企业破产。

20 世纪 20 年代末的一场经济危机宣告了古典经济学“市场神话”的终结，“市场失灵”这一经济术语在西方经济学界被广泛使用。市场失灵是由于某些因素的存在使得价格机制在调节经

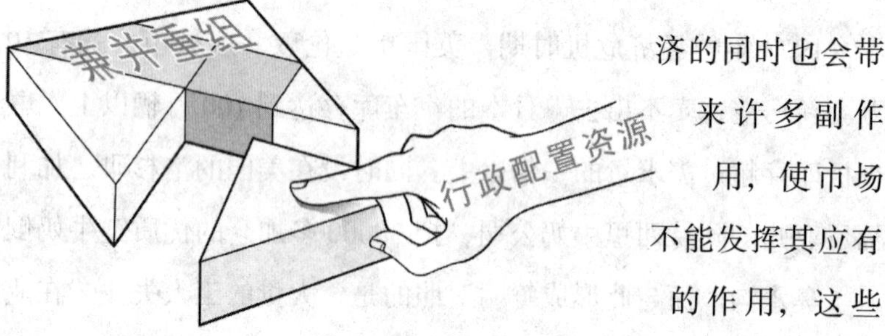

济的同时也会带来许多副作用，使市场不能发挥其应有的作用，这些导致市场失灵的因素主要有：外部性、公共物品、收入分配不均等。

但是并不是说所有的市场失灵都会以如此极端的形式出现的，市场失灵存在一个缓慢的由量变到质变的发展变化过程。我们生活中不少问题也是由市场失灵带来的。

在煤电关系中，煤炭工业是上游，电力工业是下游。从国外经验看，在煤炭市场和电力市场充分竞争，没有运输瓶颈的条件下，电煤与电力之间可以形成长期稳定的供求关系。但中国的情况是，近年来电煤价格持续大幅上涨，很多发电企业财务状况恶化，出现了电煤库存下降甚至缺煤停机现象，这成为部分地区发生“电荒”的重要原因。这一现象可以简单概括为“电煤涨价、电价滞后、电企亏损、调价艰难”。

传统观点认为，煤电矛盾是“市场煤”遇上了“计划电”。虽然煤炭业是我国生产资料领域最早开始实行市场化的行业之一，但时至今日，其生产流通并没有完全做到市场化，而且非市场因素越来越多。

由于煤炭价格和产量都受到控制，电煤市场竞争很不充分，煤价高并没有促进煤炭产量的提高。所谓“市场煤”，其市场体系远未完善。铁路运煤分计划内车皮和计划外车皮，计划内运煤可执行国家规定的运输价格，计划外运煤则要向中间环节付出高昂代价，很多铁路职工经营“三产”“多经”企业从中渔利，再加上点车费、车板费等各种名目的收费，运输成本大大提高。我国很多地方的电煤物流成本达到电煤价格一半以上，下游企业不堪重负。煤炭供需关系越紧张，中间运输环节对煤电矛盾的放大作用就越明显。

解决现阶段的煤炭供需矛盾，一种方法是按照既定的市场化方向改革，用“看不见的手”促进多种所有制煤炭企业在竞争中优胜劣汰，在铁路运力和电力行业推进市场化改革；另一种是行政配置资源为主，依靠“看得见的手”推进企业兼并重组，提高煤炭生产和运输的集中度，加强电煤、电力价格的调整和管制力度。现阶段我们主要采用后者。

由于市场失灵的存在，要优化资源配置，必须由政府进行干预。市场规律和政府调控相结合，才能有效遏制“市场失灵”的现象。

市场调节不是万能的。有些领域不能依靠市场来调节。其次，即使在市场调节可以广泛发挥作用的领域，市场也存在着固有的弱点和缺陷，包括自发性、盲目性、滞后性。而宏观调控有利于市场经济健康有序的发展。

第二节

价值悖论——钻石为什么比水珍贵

奢侈品总是越贵越好卖

100 元一盒的香烟，50 元一瓶的矿泉水，99 元一碗的面条，5000 元一部的手机，1000 万一辆的汽车，听说都卖得特别好，甚至出现了供不应求的大好局面。想买还要提前一个月预订，还有需要提前半年预订的，有时，即便是提前预订了也不保证一定能买到现货。

所谓“越贵越好卖”的商品常常指那些款式独特、数量有限的名牌产品。越贵越好卖的东西一般都是数量有限，所以专业经营高档服装的商人很少在专柜里陈列两件同样的衣服。不光类似的生活必需品，一些名牌奢侈品也是遵循越贵越好卖的原则。对于处于衣服价格就是身份象征错觉之中的富人来说，拥有这种消费心理是正常的，但是，不管是如何富有之人，都不会蠢到同样的衣服非得比他人买得贵一点。世界名表都具有一定的升值空间。像卡地亚这样的法国知名奢侈品几乎每年都在涨价，一涨少

说 10%，且从未降过价。这些世界级奢侈品有巨大的升值空间，在这种持续看涨的行情之下，被很多消费者看中它们的升值能力，价格越高越好卖。

2009 年 6 月，第一家卡地亚精品珠宝店进驻武汉，卡地亚珠宝在武汉试营业期间，销售额已超过预期 30%，其中以 30 万 ~ 40 万元的珠宝和手表卖得最好。很多珠宝店都有百年以上的制表经验，独立的机芯工厂，并具有制作复杂腕表的工艺。卡地亚 SANTOS 系列的一款腕表，之前卖 24.3 万元，后来上涨到 25.5 万元。对于消费者来说，这种越涨越贵的奢侈品具有投资价值。东西越贵，涨得越快，那么后来升值的空间就更大，对购买者就越有吸引力。像卡地亚这些国际知名品牌都有相关的二次交易机制和平台，如喜姆瓷器每年都会在全球各地举行拍卖会，为收藏爱好者提供二次交易平台，这不仅为此类商品的消费者提供了收集更多他们所喜爱的商品的机会，也提供了一个将奢侈品保值套现的机会。

“物以稀为贵”，有钱人要的就是通过高档服装或名牌产品来显示自身社会地位和品位档次，如果自己跟满街人穿相同式样的衣服，自己的身份和优越感就显不出来了。

很多时候，我们买一样东西，看中的并不完全是它的使用价值，而是希望通过这样东西显示自己的财富、地位或者其他。所以，有些东西往往是越贵越有人追捧，比如一辆高档轿车、一部昂贵的手机、一栋超大的房子、一场高尔夫球赛、一顿天价年夜饭。制度经济学派的开山鼻祖凡勃伦称之为炫耀性消费。他认为，那些难于种植并因此昂贵的花并不必然比野生的花漂亮，对于牧场和公园，一头鹿显然没有一头牛有用，但人们喜欢前者是因为它更加昂贵、更加没用。

后来的经济学家们将这种炫耀性消费的商品称为凡勃伦物品，甚至画出了一条向上倾斜的需求曲线——价格越高，需求量越大。对于喜欢穿戴奢侈品的人来说，购买奢侈品能够满足他们的心理需求，从而实现物品的价值。从经济学的角度来说，这种现象和消费者这种“特别需求”弹性相关。

一般来说，随着收入的上升，某品种的商品或服务的需求也将大幅增加，但也有例外的时候。举例来说，虽然收入增加了，但对粮食的需要并没有多大的变动；相反，肉类消费却在大幅增加。收入每增加 1 个百分点，对肉的需求可能就相应增加数个百分点，这在经济学上被称为“收入弹性”。

收入弹性反映由于收入变动引起需求量的变动幅度，即需求的变动量与收入的变动量的比率，这个比率称为“弹性系数”。

需求量将随着收入的增加（减少）而增加（减少）的商品在经济学中被称为“正常品”。其中如粮食等需求收入弹性系数介于0和1的商品，需求量变动的幅度小于收入变动的幅度。弹性系数大于1的商品，需求量变动的幅度大于收入变动的幅度，称为“奢侈品”，如珠宝、笔记本电脑等。通过上面的分析，我们可以得出这样的结论：生活必需品的需求收入弹性比较小，而奢侈品和耐用品的需求收入弹性比较高。

收入增加后，乐于享受与身份相符的消费的人视这种差异化的价格为正常价格。也有一些人即便是拥有了较高的收入，还不忘自己贫穷的那会儿，于是仍然保持着艰苦朴素的精神，咬紧牙关过苦日子。但是，到底选择哪种生活与个人的价值观有关。

《大腕》中有句精彩的独白：“不求最好，但求最贵。”贵既是一种策略，又是一个撒手锏。当然，这里不能绝对说富人用的东西就一定贵得令人咋舌，普通百姓就不能进东京银座的高档店里咬牙买件衣服。人们要买什么样的东西，由各人的价值观来定。消费者或厂商等所有的经济主体都希望从自己的有限的条件中获得最大的满足和利益。供给者只有掌握并灵活运用消费者的这种心态，才能实现利润最大化。

对于高收入层首选的商品或服务，只有添加进去更多的附加价值，实现价格上的差异化才能获得他们的青睐。对高收入层与平民层实施价格差异化，市场的需求差异化就能产生，根据需求来供给，这不正是企业的本质特性所在吗？

运动鞋比轮胎还要昂贵

如果今天是你孩子的生日，给孩子买一双名牌运动鞋，鞋子的价钱可能足够顶上四个轮胎的售价了。为什么会这样呢？

无论从制造过程、原材料或者是从功能或耐久性来考虑，还是从生产设施的投资以及从技术层面上来看，生产轮胎的要求都要比生产运动鞋的要求高得多。因为，如果生产出不合格的轮胎，不知道会伤害多少条宝贵的生命。但是从市场价格来说，轮胎与运动鞋的命运正好相反，一双名牌运动鞋的价钱要抵上四个轮胎的价钱。

当然，不管怎么样，运动鞋都不应该成为轮胎的比较对象。不过，市场上常常会出现这样的情况。这就是事物的独特性价值在发挥作用。同样，把牛仔裤做旧出售也是这个道理。有一家专门从事牛仔裤生产的中小企业，外销订单遍及亚洲和欧洲，虽然从规模上来说比一流大企业要小，不过“麻雀虽小，五脏俱全”，从布料剪裁、染色加工到包装销售，一条龙工序井井有条地衔接起来。烦琐的牛仔裤生产都能做到有条不紊。

在牛仔裤加工过程中有一道将新衣料像磨轮胎似的磨旧工序，这道工序的核心目的就是将衣料磨旧，使牛仔裤穿在身上自然、贴身，却又不粗糙。以老一代人的眼光来看，非要将新东西磨成旧东西，这一过程反而是破坏商品价值的过程。好好的新东西，却要耗上大量的时间和费用专门做旧。人们为什么更喜欢旧衣服，这难道不是一种奇怪的现象吗？

在市场中，销售者如果按照市场的平均价格来进行销售，那么平均下来他们并没有太多的利润可以得到。商家要想在市场上获得更大的利润额，那么就需要给自己的商品添添减减，在增加商品的边际价值上下功夫。

运动鞋比四个轮胎的价格还要贵与高级运动鞋有特殊的防臭味原料，而轮胎里不需要设置防臭原料的缘故有关，也和运动鞋的品牌价值较高有关。但是不管运动鞋的品牌多么如雷贯耳又或者存在防臭材料，谁又会买如此昂贵的运动鞋呢？难道是由于运动鞋品质优良到了轮胎都自叹不如的程度？

轮胎与运动鞋并无差异，只有当消费者认为其具有较高的价值时，商品才能以较高的价格“优雅”地卖到消费者手里。从供给的层面上来看，只有当商品具有稀缺性时，高的价格才能得以形成。

全家便利店品牌 1972 年成立于日本，至今已是亚洲最大的国际连锁便利店之一，其网点遍及日本、韩国、中国台湾、越南、美国等地，店数超过 19000 家。全家在市场上的成功主要得益于它对于产品的独特价值培养。

全家具有“独卖性”，即消费者一定要到全家才能买到某种商品，例如我们取得日本独家授权，推出的蜡笔小新周边系列商品，以及联合中国台湾文创推出的最具代表性的霹雳系列 DVD 商品。夏天是冰品的销售旺季，全家会针对消费者喜爱的品牌冰品，在一周内选择一日做“买一送一”的促销活动。看起来简单的价格促销，却可以刺激出消费者的期待需求，每逢到了促销当日都会造成抢购风潮。全家的成功之处就在于，它认识到现在便利商店卖的产品同质性很高，为了增加自己的竞争优势除了增加行销产品的特殊性外，也致力于开发自有品牌的鲜食。它通过不断开发创造自己的独特价值，实现商业品牌的升级。

再回到一开始说的关于运动鞋比轮胎更贵的论述上来。运动鞋价格如此昂贵，但是仍旧有人愿意购买，纯粹属于商业中的“一个愿打一个愿挨”。从需求的层面上来看，要让消费者能够心甘情愿地购买价格令人瞠目结舌的运动鞋必须满足以下两个条件：

首先，消费者对其品牌的认知度与忠诚度较高。在品牌时代，消费者的选择大部分基于品牌形象所提供的附加价值，这就是产生品牌忠诚度的原因。

消费者对某一商品认可或不认可，在很大程度上取决于这种商品的市场销量和品牌知名度。对消费者来说，商品品牌是自己身份、地位、个性、价值观甚至于人品的体现。品质精良、把握国际流行设计风尚、不断增强的舒适度、切实可信的贵族气息才能吸引“非草根阶层”的垂青。

其次，商品需要与众不同，这也就是商品的差异化。商品具有与众不同的特质是商品能够在竞争中脱颖而出、赢得市场的法宝。

通过商品差异化，赋予商品较高的“稀缺价值”，首选自己品牌的人才会增加。在设计上下功夫，在品质上赚噱头，增强耐久性、伸缩性、时尚感等，让消费者在与别人进行比较时获得优越感及满足感。

温室里培养出来的蔬菜或强调地域特性的大米，在一定时间内不送上门就拿不到钱的送餐服务等，全部都属于实施差异化的范畴。这样一来，即使运动鞋价格昂贵，却仍然可以确保忠于此品牌的消费群，企业向这个群体的消费者提供能让其感到独一无二地位的商品或服务。

无论市场上同样商品的品种有多少，但购买这个品牌的运动鞋或牛仔裤的消费者却始终不缺。

钻石真的比水更有价值吗

众所周知，可饮用的水对于地球上生物来说是必不可少的。人的生命离不开水，没有了水，人类就难以生存和繁衍生息，更不用说发展了。没有了水，地球上的一切生命将会消亡！水的巨大作用是怎么形容也不过分的，然而水的价值却是如此低廉。相比之下，钻石则是另一种情形。钻石的价值主要在工业生产和科学研究上。从这个意义上说，钻石对人类社会的作用甚至是可有可无的。然而，事实上，钻石的价值却如此之高。

2012 年 3 月，澳大利亚最大的矿业公司——力拓公司宣布，该公司在西澳大利亚的阿盖尔钻石矿山发现了一颗 12.76 克拉的粉红色钻石，并命名为“阿盖尔粉红禧”，这也是澳大利亚所发现的最大粉红色钻石。

据专业人士判断这颗粉红钻石价值接近一个亿，可谓至尊奢华，光芒闪耀。虽然，价值数亿的钻石不常出现，但是在市面上动辄一克拉数万的钻石却是屡见不鲜。几十元一桶的矿泉水随处可见，两者一比较价格就显得十分可怜。

这就是经济学史上著名的“钻石和水”的例子，被称作“钻石与水悖论”，曾经困扰了经济学界很长时间。“钻石与水悖论”首次由约翰·劳提出，后来亚当·斯密试图说明价值决定因素时借用了这个例子，只不过亚当·斯密没有对约翰致谢。“钻石与水悖论”也称作“价值悖论”。

钻石对于人的用处确实远不如水，所以人们从水的消费中所得的总效用远远大于人们从钻石的使用中所得的总效用。但是，商品的需求价格不是由商品的总效用而是由商品的边际效用决定。

钻石作为一种奢侈品，可以给人们带来炫耀等效用，而且数量很少，增加一个单位的钻石消费给消费者带来的效用很大，即钻石边际效用很大，消费者愿意以较多的支出来购买。水的需求是巨大的，并且是必需的。但是，由于水的供给也是巨大的，甚至可以说是无限量的。地球上水资源实在丰富，只要厂商有一定的技术和资金，就可以向市场提供水。较小的需求价格弹性和较大的供给价格弹性共同作用，使得水的市场价格十分低廉。水虽然是人的生命不可缺少的，给人带来极高的效用，但由于世界上水的数量很多，增加一个单位的水给人们增加的效用就很低了，即水的边际效用很低，所以水的价格自然也就很低了。

但是，边际理论解释存在着问题，就是水的数量虽然很多，但如果在取水效率很低的沙漠，那么水的价值一样很高。就像太阳能，虽然很多，但地球上的人们取得太阳能的效率并不高，所以太阳能一样值钱。在沙漠里如果可以发明大规模的取水设备，那里的水就一样便宜了。所以决定价值的还是效率，以及决定效率的工具、劳力与资源。

亚当·斯密在《国富论》中就提到："没什么东西比水更有用；能用它交换的货物却非常有限；很少的东西就可以换到水……相反，钻石没有什么用处，但可以用它换来大量的货品。"

原因何在？斯密区分了使用价值和交换价值：钻石的使用价值小，但交换价值大；水的使用价值大，但交换价值小。斯密又进一步研究了交换价值，提出生产成本决定交换价值，要获得钻石，需大量投入；而得到水，不费吹灰之力。

像钻石这样的稀缺性资源的价格都高，但不都是生产成本高。后来大卫·李嘉图又推进一步，提出使用价值是交换价值的前提，而具有使用价值的商品其交换价值之所以高，主要因为两点：一是该商品的稀缺性；二是该商品所需要的劳动量高，所以交换价值高，一般商品即属此列。

李嘉图的说法具有相当的解释力，稀缺性的说法更成为流行。但并非没有不同意见，比如边际效用学派的重要奠基人卡尔·门格尔就指出，使用价值和交换价值不过价值的不同形态，区别只在于，使用价值是在直接用途上具有价值意义，交换价值是间接意义上具有价值意义。

“钻石与水的悖论”一直困扰18世纪和19世纪的经济学家，最终被马歇尔摆平。马歇尔的确很高明，抓住了互动，提出价格是由供给和需求共同决定的。具体来讲，无论水多么重要，倘若供给充足，价格就低，甚至免费；钻石尽管不那么重要，但需求旺盛，而供给不足，价格就高，甚至奇贵。但显而易见，马歇尔仍没有摆脱稀缺性。

目前对价值悖论的解释都没有摆脱稀缺性。相应地，这也是对空气为什么不值钱的流行解释：虽然极其重要，但由于不稀缺，所以空气不值钱，大家免费呼吸。

聪明人只买对的，不买贵的

当今社会是一个金钱社会，不管什么东西都是需要金钱来购买的，当然这里说的东西指的是商品，所以很多朋友常常会以商品的价格来衡量一个商品的好坏，特别是一些不懂行情的朋友更是如此，那么，真的是价格贵的东西就一定是好东西吗？旅美经济学家奚恺元曾经做过一个著名的冰激凌实验：现在有两杯哈根达斯冰激凌，一杯有150克，装在120克的杯子里，看上去快要溢出来。另一杯冰激凌170克，装在200克的杯子里，看上去还没装满，你愿意为哪一杯付更多的钱呢？

如果人们喜欢冰激凌，那么170克明显要多于150克，如果人们喜欢杯子，那么200克的也要比120克的大。可是实验结果

表明，人们反而会为少量的冰激凌付更多的钱。这也契合了卡尼曼等心理学家所描述的：人的理性是有限的，人们在决策时，并不是考虑一个物品的真实售价，而是通过售价来评价商品的优劣。根据价值悖论得出的结论，消费者想要购买的商品并非价格越高质量越好。在冰激凌实验中，人们评价冰激凌的标准往往不是其真实的重量，而是冰激凌的价格。实际生活中的例子更是比比皆是，麦当劳的蛋桶冰激凌、肯德基的薯条无不如此。商家总是利用人们的心理制造出“看上去很美”的视觉效果。很多时候人们正是由于自己想当然而掉进了商家设置的经济学陷阱，似乎贵的买得更值，实际上不然。

俗话说“便宜非好货，好货不便宜”，但是也并不是说贵的东西质量一定就好。一个好的商品，它的成本自然是要高些的，价格也会水涨船高。

买东西要挑便宜的，这是绝大多数家庭生活的重要准则。在进行家庭或者个人的消费选择时，不要把价格作为唯一的衡量标准。商品背后的实际价值和效用，才是进行最后决断的衡量标准。张钰、王明新、李辉是同一家保险公司的业务员。公司为表彰他们的出色业绩，决定出资 5000 元让他们去风景名胜旅游一次，可供选择的旅游胜地有西安、黄山、九寨沟。他们可以在三个旅游胜地中选择两个。

张钰、王明新、李辉都没去过这三个地方，都很想去，但是只能选择两处。

于是张钰选择了黄山、九寨沟，王明新选了黄山、西安，李辉选择了西安和九寨沟。三人都觉得自己的决定很正确、很合理，一周之后，都带着旅游的兴奋心满意足地回到了公司。对于张钰、王明新、李辉来说，虽然他们的选择各不相同，但都感到满意的原因就是自己的选择达到了最大效用。

上街或者在网上买东西我们一般不会只到一家商铺逛逛就出手，通常都要货比三家。到超市买牛奶，我们会在货架前徘徊，一会儿看看这个牌子的纯牛奶，一会儿瞧瞧那个牌子的酸牛奶，一会儿掂量一下盒装的，一会儿又合计一下袋装的，我们在盘算着性能价格比或者效用价格比，看看哪一种商品能给我们带来最大的实惠，这就是经济学上所谓的消费者选择问题的效用最大化，即我们常说的“花最少的钱买最满意的东西”。

第三节

弹性——超值午餐是亏本还是赚

超值午餐，亏本还是大赚

现在，很多餐厅、饭店经常会在节假日实行超值套餐，或者是在中午这样的用餐高峰期实行超值午餐。作为消费者的你看着那些劲爆的广告词，也许一时兴奋、一个小激动就去买了，然后还特别兴奋地觉得自己真的赚到了。

但是只要仔细分析一下，你就会发现，在这份所谓的超值午餐里还有很多的经济学知识。假设是在某个优雅、档次较高的法式（意式、中式也可）餐厅里，晚餐的种类根据主菜的配料不同共有 3 种，其价格均为 3000 元。在此条件下，假设一个 1 人份套餐的“平均成本”是 2500 元，包括食材费 800 元、房租 600 元、人工费 1000 元、水电费和宣传费等其他费用 100 元。其中，鱼、肉、蔬菜等食材的进价变动较大，3 种套餐的食材费 600 ~ 1000 元不等，平均后的价格为 800 元。

接下来，这家西餐厅计划开始经营超值午餐。假设午餐和晚上套餐的内容相同，但主菜的种类只有一种。问题的关键是如何定价。在调查周围竞争对手的过程中发现，想要吸引顾客，必须把价格定在 980 元以内，此时的成本核算如下：午餐选用当天最便宜的 600 元的食材，预计当顾客达到一定人数时每份午餐所包含的房租为 200 元、人工费为 300 元、其他费用为 50 元，合计后午餐的总成本为 1150 元。

如上所述，想要在竞争激烈的午餐市场赢得顾客不得不降低价格，结果计算出来的平均成本 1150 元大于售价的 980 元，出现了 170 元的赤字。而且，还造成了顾客平均消费单价下降、成本率（食材费售价的比率）上升的现象。以上数据都表明午餐不能带来盈利，那么这家餐厅是否应该放弃经营午餐的计划呢？其实，对于上面这家餐厅的情况，我们可以从经济学中的价格弹性

和追加成本两方面来进行分析。

价格弹性表明供求对价格变动的依存关系，反映价格变动所引起的需求的相应的变动率，即需求量对价格信息的敏感程度。商品本身的价格、消费者的收入、替代品价格，以及消费者的爱好等因素都会影响对商品消费的需求。价格弹性是指这些因素保持不变的情况下，该商品本身价格的变动引起的需求数量的变动。在需求有弹性的情况下，降价会引起购买量的相应增加，从而使消费者对这种商品的货币支出增加；反之，价格上升则会使消费者对这种商品的货币支出减少。在需求弹性等于 1 的情况下，降价不会引起消费者对这种商品的货币支出的变动。

价格弹性取决于该商品的替代品的数目及其相关联（即可替代性）的程度、该商品在购买者预算中的重要性和该商品的用途等因素。价格弹性主要应用于企业的决策和政府的经济决策。

对于一个餐厅来说，影响超值午餐定价的因素很多，价格弹性是一个非常重要的因素。我们常会听到“薄利多销”这样的话，实际上它也的确是存在的，用经济学中的概念来解释它，就是价格弹性。餐厅根据客流量和成本来选择一个合适的价格，往往单价不高，但交易次数增加，继而总体的交易额是巨大的。

另一方面，如果我们用经济学中的追加成本的知识来分析的话，你将会发现这家店按照原计划经营午餐不仅不会亏本，还会带来更多的利润。当然，这些数据是我们虚构出来的，实际上也有可能会出现不适合经营午餐的例子。但是合理利用追加成本的方法一旦掌握，还是很具有实际意义的。

如果用追加成本的概念来思考的话，食材费是要完全计入追加成本中的，而平均成本里的房费可以从追加成本中扣除。关于人工费也是如此，午餐时服务员的工资需要算入追加成本，而厨师的工资，不管经营不经营午餐，他们都要从早晨开始进货，为晚餐做准备，等等，其工资是不变的，所以追加成本中不包含厨师的工资。按照以上的计算，我们把食材以外的追加成本定为150元。

由此可见，合计的追加成本是750元，而定价是980元，所以每份午餐可以获得230元的利润。对于顾客来说，晚上要花3000元才能吃到的套餐，中午花980元就可以享受到，实在是太实惠不过了。看似亏本的午餐，用经济学的手法来分析，可以得到店方和顾客双赢的结论。

在生活中，如果我们把价格弹性和追加成本这两个知识点结合起来运用于指导实践的话，那么赢利是必然的。

深夜出租车的优惠服务

经济学中有一个概念叫需求价格弹性，又叫价格弹性或需求弹性，是指需求量对价格变动的反应程度，是需求量变化的百分比除以价格变化的百分比。而需求量变化率则是对商品自身价格变化率反应程度的一种度量，等于需求变化率除以价格变化率，需求量变化的百分比除以价格变化的百分比。

如果你了解日本的出租车定价你就会发现，日本深夜出租车的价格的确要比白天贵 20% 左右。当然，在世界任何一个国家，深夜出租车的价格都会比白天高的。

单从供需关系上来看，白天车流量大，顾客的选择范围广，因此出租车的价格不高。但是深夜时分，出租车数量是很少的，其主顾相对较少，即顾客对出租车需求量是一定的。根据需求价格弹性，你很容易就可以知道，在日本，需求量的变动，必然影响到价格的制定。因此，抬高价位也在情理之中了。

除此之外，起步价包含的距离暂且不说，车费是根据行驶距离而定的。无论是 3 公里后的 1 公里，还是 30 公里后的 1 公里，单价几乎相同（有时候距离远还有折扣）。实际上，能够连续碰到近距离客人的几率很小，所以只有拉到远距离的

客人，载客率才会提高，才能在相同的时间内增加收入，这就是我们说远距离的客人能够赚钱的原因。

酒吧出租车在晚上如果能够拉到远距离的客人，也就意味着他实现了“远距离＋深夜的高价格”这样的模式，这对于出租车司机来说是效率最高的赚钱方法，是充分利用需求价格弹性的赚钱方式，自然收入会更加可观。

卖家都是期待着赚取利益的最大化，并采取一定的措施，例如以价格的调整和优惠活动的开展等来吸引客户，增大客流量，从而增加整体的营业额。

留住客户的方法有很多，价格优惠一点，商品精美一点，服务贴心一点……不论是餐饮店，还是深夜出租车，他们都会采取一定的措施，来稳固自己的顾客群。因此，在日本有许多深夜出租车司机才会在车里放有饮料和水果，并提供一定的代金券。饮料、水果这些说到底，其实也是服务的一种，或者说是优惠政策的一部分。同样的出租车费，乘客们可以在较长的旅途中享受到舒适的服务，代金券的使用，也更方便了他们的下次光临。

产品价格越高，买的人却越多

在经济学中，受价格弹性的影响，商品也被分为弹性商品和非弹性商品。所谓弹性商品，是指不买也无妨的奢侈品。而非弹性商品则是指生活必需的农产品、其他生活必需品，等等。

首先我们来看一看奢侈品这一特殊的商品，奢侈品在国际上的概念是“一种超出人们生存与发展需要范围的，具有独特、稀缺、珍奇等特点的消费品”，又称为非生活必需品。这是一种狭义的理解，而广义的奢侈品在经济学上定义为需求价格弹性大于1的商品，当收入上升时，消费数量将上升快过生活必需品，同时收入下降时它的消费数量下降也会较快。与此相对的，则是日常生活用品，即非弹性商品。

“价格定得越高，买的人反而越多”，之前凡勃伦的这一观点，普遍适用于奢侈品的消费。虽然这一点在奢侈品这样的弹性商品中表现得还不那么明显，因为在购买奢侈品时，一旦客观条件发生变化，消费者就会放弃对奢侈品的购买，这样的消费还是可以调整的。而对于生活中的非弹性商品，一旦价格提高，往往买的人更多。

随着物价的持续上涨，居民消费性支出相应增加，生活压力明显增大，尤其是生活必需品价格普遍上涨给居民的日常生活带来了一定的影响。生活必需品价格上涨将导致普通居民的生活质量下降。在我国，造成居民人均消费性支出大幅增加的原因，除有九年义务教育免费带来的支出减少、医疗卫生收费及药品管理加强等产生的支出减少所带来的积极影响外，更多的原因是食品价格上涨带来的影响。人们为了保证最基本的生活必需而不得不尽量减少其他方面的支出。

另外，生活必需品价格上涨也将导致低收入家庭负担加重。食品消费弹性小，替代效应不明显，不管价格是否上涨都必须消费。低收入家庭消费品种单一、集中，消费仍以传统主食为主，而且低收入家庭食品类人均消费比重远高于普通家庭平均水平，而近期物价普遍上涨又主要集中在居民生活所必需的服务项目以及粮油、鲜菜等日常主要消费的食品上。对低收入家庭来说，食品价格上涨幅度远高于居民消费价格指数中食品类4.0%的涨幅，其消费更易受到食品价格上涨的影响。由于食品消费支出增加，消费量下降，生活质量降低，低收入家庭消费负担加重，如果考虑到除食品以外的其他涨价因素，如水、电、液化气、燃煤等，其影响程度更大。

购物返券，却不直接打折

黄女士和好友听说市内一家商场周末购物“买多少返多少”，两人正打算买棉靴，如果合买相当于打 5 折，挺划算的。进了商场不到半个小时，黄女士和好友就挑好了喜欢的款式，价位分别在 1500 元、1300 元左右，她们算了一下，用前者购物返的券不仅可以买后者，而且还余下 300 元左右的券。

买完棉靴，黄女士发现购物返的券指定在商场一楼使用，买化妆品、黄金等商品有门槛限制，她们只能绕回鞋包专柜，余下的 300 元券成了“鸡肋”——应季鞋基本上在 500 元以上，品牌的皮包价位更高，只有少数的单鞋和合成皮包可以选择。“在鞋包专柜足足转了三个小时，走得头昏脑胀，才勉强把余下的券用上。”在全球范围内，打折返券都是非常流行的促销方式。就拿北京来说，返券风始于 1998 年。始作俑者是庄胜崇光百货。当年北京各大商家大打折扣战，庄胜崇光率先推出了“满 100 元返 20 元券”的促销。这一新的促销模式立即引起了商家的关注，从前两年的“买 100 返 20”到现在的“买 200 返 300”，促销活动可谓愈演愈烈。

俗话说，懂的人看门道，不懂的人看热闹。购物返券，消费者可能就是奔着那些漂亮的鞋子和衣服去的，总觉得天上掉下了个馅饼，自己赚了个大便宜。然而，商家为什么会如此钟情于返券促销呢？难道是到手的钱他不想挣吗？

商家作为理性经济人，当然是以取得最大化利润为目的，那么通过何种途径获得最大化利润就成了商家日常思考的问题。商家在顾虑自己利润的同时，也是要站在消费者的角度考虑的，因为同样作为理性经济人的消费者，当然期望能够获得最大化的消费者剩余。如何满足两者的需求，这就取决于产品定价。在定价过程中，销售商一方面需要均衡价格的高低，另一方面需要刺激消费者的支付意愿，使其产生一种用很少的钱获得很高价值的感

觉，从而提高消费意愿，获得利润。

很可能在你看来，这不过是经营者的一个小聪明，但是经营者的这个决定并不是没有根据的，这其中还是具有一定的经济学依据的。

经营者们之所以选择购物返券的方式来促销，就是利用了经济学中的价格弹性。一般来说，价格弹性对有些经济决策是很有用的。例如，为了提高收入，商家往往对农产品采取提价的办法，对电视机、洗衣机、手表等高级消费品采取降价的办法。之所以会采用这种方式，就是因为前者弹性小，后者弹性大。

正是这较大的价格弹性，常常帮助经营者抓住消费者的心理。根据需求弹性理论，如果其他情况不变，消费者对某商品的需求会随着对其拥有量的增加而递减。这种递减也许缓慢也许迅速。如果缓慢，那么他对此商品所出的价格，就不会因为个人对该商品的拥有量的大量增加而大幅度下降，而且价格的小幅度下降会使他的购买量大幅度增加。

现行的返券促销活动，一般都要求消费达到一定金额，即赠送相应金额的代金券，各地各商场的具体使用规定不同。较为常见的方式包括赠券直接使用，限时使用，与一定比例现金搭配使用，等等。

理论上来说，对折扣的计算为“折扣＝实付价产品标价”，以“满200返100”为例，消费者理论上能够享受到的最低折扣为200/300=66.7%，即六七折左右，而在实际促销活动中，消费者很难恰好凑足金额，享受到的实际折扣率必然低于理论上的最低折扣。另外，返券促销中，消费者很容易产生价格幻觉，即感觉自己得到了更低的折扣。返券比率＝返券金额返券需满足的限制金额，幻觉折扣率=1－返券比率，在上文的例子中，消费者感受到的返券率为50%，低于理论上的最低折扣率，此时的幻觉折扣率为50%。假设现在变为“满100返120”，则相应的幻觉折扣率为－20%，返券比率为120%，对于消费者而言，返券比率越高，幻觉折扣率越低，对其消费的幸福感和购买欲望的刺激就越强。

在现实生活的定价中，商家常常将商品价格定为99、199、599等以“9”作为个位数字的价格，使消费者在心理上对价格产生幻觉。尽管300与299在实际意义上只相差一元，但给人的价格感受截然不同。这种定价方式，也使得消费者要获得所期待返券必须增加消费，以弥补那“一元”达到返券金额。

第二章

成本考量：天下没有免费的午餐

第一节

机会成本——“舍”与“得”的启示

种小麦还是去酿葡萄酒

葡萄树适合温和的温带气候，所以全球大部分的葡萄园都集中于南北纬38~53℃的温带区。影响葡萄生长的气候因素有很多，以阳光、温度和水最为重要。葡萄受天气变化的影响也很大，尤其是成熟期要避免雨淋和霜冻。在地形上比较适合生长在既有利于阳光集中照射，又拥有更好的排水性能的斜坡。与葡萄的娇贵相比，小麦就显得朴实多了。小麦适应性强，各种类型土壤均可种植。当然，这并不意味着所有的地方都适合种小麦，也不是所有的地方都不能种葡萄。

现在我们能在市场上喝到法国的葡萄酒，同时又把中国的小麦出口到法国赚取外汇。自由贸易使国家间通过相互交换获得资源，同时又能够保证自己生产效率的最大化。但是在最初，世界经济状况并不是如此。

15世纪的地理大发现，彻底改变了世界的经济面貌。海路的开拓强有力地推动了海外贸易的发展，使欧洲成为世界商业的发展中心。但是，在此之前的欧洲经济完全是另外一个样子。

随着封建经济的急速发展，商品货币关系开始从内部侵蚀封建自然经济的基础，瓦解封建制度，促进资本主义萌芽。当时，商品交换十分广泛，这就需要大量货币，这时西欧货币已经由银本位制过渡到金本位制。

由于购买大量商品需要钱，人们越来越重视货币。上至国王、教士、大贵族，下至中小贵族、低级教士，人人追求奢侈豪华。正如恩格斯在《论封建制度的瓦解和民族国家的产生》一文中指出："葡萄牙人在非洲海岸、印度和整个远东寻找的是黄金；'黄金'一词是驱使西班牙人横渡大西洋到美洲去的咒语；黄金是白人刚踏上一个新发现的海岸时所要的第一件东西。"

当时的国王都认为金币和银币是最实在的，只要国王有钱，那么就能够招兵买马，然后攻打别的国家，再去获得更多的财富。当时的欧洲有很多小王国，每个国家都要尽量地积攒金银财宝，可是除了少数几个国家拥有金矿和银矿之外，别的国家的金银财宝的数量很是有限。

这该如何是好呢？

聪明的国王们还是想出了对应之策：“想方设法鼓励我的国民去多生产些产品，然后我再把这些产品，比如说小麦啊、葡萄酒啊、马匹啊、铁器啊，再卖给其他国家，去赚别的国家的钱。”那时，擅长小麦生产的英国人把自己的麦子运送到葡萄牙去，以获得更高的价钱。

第一个吃螃蟹的人会占得先机，一开始进行国际贸易买卖的国家的钱越来越多。但是很快他们发现了其他问题：谁都想多和外国人做生意，去赚外国人的钱。一方面，你去跟外国人做生意，把东西卖给外国人。你的确是从外国人手上赚了一笔钱，可是一转身，你又跑到国外去买外国人的东西。刚赚来的钱一转手又花没了。钱从一只手转到另一只手，这样的小麦和啤酒的兑换生意对于国家的财富的增加是一点帮助也没有。

为了能够单方面地获得其他国家的财富，很多国王宣布，只要是他的国民，只允许卖东西给外国人，不能买外国人的东西，就算买也只能从外国人那里买本土生产的东西，如有违抗轻则坐牢，重则斩掉违反者的双手，将其绞死。因此，在十五六世纪很长一段时期之内，欧洲各国之间贸易往来并不频繁。

一直到了18世纪，亚当·斯密的出现开始改变这一状况。亚当·斯密是经济学的主要创立者。他认为，分工的起源是由于人的才能具有自然差异，起因于人类独有的交换与易货倾向，交换及易货属私利行为，其利益决定于分工，假定个人乐于专业化及提高生产力，经由剩余产品之交换行为，促使个人增加财富，此等过程将扩大社会生产，促进社会繁荣，并达到私利与公益之调和。

根据亚当·斯密的观点，不买外国人的东西是不对的。恰恰相反，和外国人做生意对自己是有利的。他举例子说，就像英国，气候比较适宜种植小麦，种葡萄的收成就不行了，所以英国人才喜欢喝大麦酒威士忌，很少喝葡萄酒。如果他们现在不跟外国人做生意，那么如果想喝葡萄酒的话，只能自己生产葡萄，自己酿酒。问题就在于葡萄在英国产量并不高，而离他们并不太远的葡萄牙却日照充足，很适合葡萄生长，而且出产的葡萄酒的品质也很好。

如果国王都不限制和外国人做生意，英国人只需种小麦，用小麦或者威士忌去换葡萄或者葡萄酒，这其实比自己去种葡萄，再自己去酿葡萄酒更合适。

斯密的这套拿小麦换葡萄酒的思想在当时受到了很多当权者的认同，他也成为现代西方经济学的鼻祖，建立了西方经济学的雏形。值得注意的是，斯密尽管并没有提出机会成本的概念，但是他的分析其实表明，他已经充分地领悟到了机会成本的深刻的含义。

机会成本就是意味着为了得到某些东西必须放弃的另外一些东西的最大值。种小麦还是种葡萄，这对英国人和海岸另一侧的葡萄牙人来说都是一个值得思考的问题。

对于英国人来说，土地的数量是一定的，如果他们拿土地来种葡萄，就没有办法再拿它种小麦。因此，他们种葡萄的机会成本就应该是同样的土地种小麦可以获得的收成。英国人发现，他们国家盛产小麦，尽管小麦的价格在英国不贵，可是拿到葡萄牙可就值钱了，用它可以换到比在英国更多的葡萄或葡萄酒。而对葡萄牙人来说也是如此，同样的土地种葡萄的收成更好，并且他们生产的葡萄酒似乎在国外更有市场，卖价要比小麦高得多。当然，如果葡萄牙种小麦的话，就需要付出同样的土地种葡萄可以获得的收成的机会成本。

如果现在英国允许与葡萄牙之间自由贸易的话，假设每一个英国农场主手上有100亩土地，而他全部用来种小麦，必然能够收获非常多的小麦，他完全可以拿他收获的一部分小麦和葡萄牙的商人交换葡萄酒。在不允许交易的前期情况中，如果一个英国绅士想要喝葡萄酒就必须留下一部分地，比如说3公顷土地专门用来种葡萄酿酒。但是在英国葡萄的产量不高，这3公顷地种植葡萄的机会成本就应该是这3公顷土地用来种小麦可以收获的小麦的数量。

近水楼台，英国人很快接受了亚当·斯密的思想，他们发现自己种小麦并拿出3公顷土地所产的小麦去交换葡萄牙人的葡萄酒的话，完全比自己留下3公顷土地种葡萄、再自己酿酒所产的酒的数量更多，也就意味着英国人种葡萄的机会成本是大于种小麦的机会成本的。如果要做出最为合适的选择，他们当然应该选择机会成本更低的小麦了。

葡萄牙人很聪明，很快也开始效仿，他们更多地种植机会成本更低的葡萄。世界农业产业带也初步显出轮廓。

比尔·盖茨为何早早退休

对于人类而言，人才的选择就是机会成本颇具代表性的个案。如果企业鉴于情面或压力而没有选拔出优秀的员工，其机会成本将难以估量。不仅如此，商品的合同条件、交易对象、市场营销等所有的决策必定伴随着机会成本。高三学生填报志愿或学生在校期间由于一时糊涂做错了事，一生都要承担庞大的机会成本。比尔·盖茨是现代世界上最有钱的人之一。作为微软公司的创始人，比尔·盖茨成就了微软，也为自己挣下了万贯家财。在 2010 年的《福布斯》全球富豪榜中，盖茨以 530 亿美元的净资产位列全球第二大富豪，在此之前，他曾经长期占据《福布斯》富翁排行榜的头把交椅，并在 1998 年创下净资产 1000 亿美元的纪录，至今无人能破。

作为全球吸金能力最强的人之一，盖茨的赚钱能力可能无人能及。假设世界首富、微软总裁比尔·盖茨在走路的时候掉了 600 美元，这时候，他是应该弯腰捡钱还是就此走过去置之不理？比尔·盖茨创业已经有 30 年，目前积累的财产约为 1120 亿美元，如果不计利息收益，将时间换算成金钱的话，那么，他的一秒钟就值 121 美元。假如你已经理解了机会成本，那么你肯定会劝比尔·盖茨直接走过去，因为他将弯腰捡钱的时间花在工作上的话，所获利润会更多。他弯腰捡钱的机会成本更大，而如前所说机会成本小的选择才是最佳选择。

“机会成本”，也叫“择一成本”，是指在制定某项决策时必须作出一定的选择，而在被舍弃掉的选项里的最高价值者，就是这次决策的机会成本。我们都知道，决策应该选择最高价值的选项，它可以使得机会成本最低，即失去越少越明智。当然也存在不得不放弃最高价值的选项的情况，那么其机会成本（从理论上讲，此时处于第二高的价值）将会是首选。

在很多人看来，盖茨所创立的微软就像是能够为他带来源源不断的收入的一只会下金蛋的母鸡，盖茨应该把它紧紧地掌控在手中，然后把它传承给自己的子孙后代。然而，就像没有人能够想到盖茨会从哈佛大学辞职去创办微软公司一样，也没有人能够想到，早在1990年，也就是在盖茨35岁的时候，他就已经辞去了微软CEO的职位，而隐退幕后。随后，又在2008年正式宣布退出微软的日常管理工作，把精力全部集中于自己所钟爱的慈善事业。

活到老干到老，直到身体确实支撑不下去才会选择退休，这是中国大多

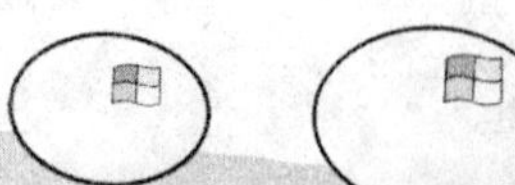

数民营企业家选择的人生道路。其实，即使到了今天，盖茨的精力、战略眼光以及他管理企业的能力仍然没有丝毫的减弱，可是他为什么会选择早早就退居幕后，把一只会下金蛋的母鸡拱手让人呢?

退休时间的衡量和机会成本紧密相关。退休后就不再付出辛劳与工作时间了，这对于有闲暇偏好的人们更有吸引力。其次，社会上一些人急于提前退休，很多是有其他的生财之道，如可以全力从事以往做的其他单位的兼职工作，或有时间专门投入炒股等创收活动，再或者可以从事一些自己喜欢做的，但过去工作忙无法做的其他事，等等。

盖茨选择早早退休的主要原因在于他的工作的机会成本过大。对于盖茨来说，他可以自由地选择如何安排自己的下半生的生活，他可以继续担任微软的总裁，继续经营微软，并赚取更多的金钱。当然，他也可以选择退休，选择和妻子、孩子一起安度后半生。但是，他的人生是既定的，他可以支配的时间也是完全确定的。

如果继续经营微软，那么盖茨就必须选择牺牲与家人在一起享受生活的时间，而这其实就构成了盖茨经营微软的机会成本；如果他选择后者，那么他必须放弃继续经营微软可能给自己带来的利润，这也就成为自己退休的机会成本。其实，要做的选择很简单，那就是盖茨需要衡量判断这两个选择的机会成本的大小，进而做出对自己来说机会成本最小，或者说对自己最有利的选择。

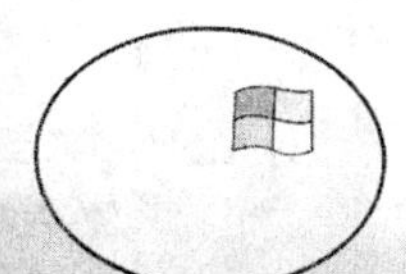

显然就盖茨的选择而言，他是认为自己退休所要付出的机会成本更小一些。

在分析人们对待退休年限的不同态度中，我们也会发现，机会收益的大小和可靠程度最为重要。如果在职的相对收益不高，就意味着退休的机会收益率更大。因为在职的收入即使表面上要比退休金多一些（按一般人的退休金为原工资的90%或95%计算），但要得到在职的工资及奖金、补贴，却必须投入大量工作时间和付出相当的辛劳。

对于我们普通人来说，要维持我们的生活就必须通过辛勤的劳动而获得劳动所得，来养家糊口。尽管我们每个人都有偷懒的天性，在内心深处，大家都希望能够不劳而获，或者少劳而获，希望天上能够掉下馅饼来，正好砸中自己的脑袋。然而，大多数人是不可能获得这样的机会的。如果自己不工作，或者偷懒、工作不努力，一旦失业，整个家庭的生活都会受影响。也正是出于这个原因，我们宁愿更加努力地工作，付出更多的工作时间的机会成本，以换取更高的劳动报酬。

但是对于盖茨来说，由于已经获得了足以保证自己和家人衣食无忧地生活的金钱了，再努力工作赚钱，只能使得自己银行账户里的数字发生变动，对自己的生活已经没有什么影响了。他再努力工作，就得付出更多的工作时间这一机会成本。能够和家人在一起生活，显然要比再努力工作、增加自己的账户数字更有意义。因此，盖茨选择早早退休也就不足为奇了。

与之相反，一些人倾向于延长退休时间，虽然可以从事业心、工作偏好，以及职务性福利等方面加以表面性的解释，但在理论上，最终还是他们对退休的“机会收益”的权衡和受收益最大化原则驱使的行为表现。

校园兼职牺牲的是什么

店面不到20平方米，墙边有一排小椅子，每个椅子前的地上放着一个脚踏板，各式擦鞋修鞋的工具一应俱全。靠里的墙边还放着一个简单但不失精致的接待桌椅。2005年12月，“秘密筹划”一个月，成都某名牌高校的2名研究生联络本校和另一高校的3名本科生，在新光华村附近开起了他们自称为“国内第一家由在校研究生开设的擦鞋店”。

依靠自己的“第一家在校研究生开设”的金字招牌，擦鞋店开业头一天就赚了300多元。

擦鞋店开业起，市民的质疑声就未断过。西南财大一位老教授获悉原委后直接表达了自己的观点：“你们都接受了高等教育，当中还有读计算机专业的研究生，应该说是非常专业了，擦鞋的活儿谁都能干，你们这不是大材小用么？对你们的举动我不反对，但我不理解。”还有一些市民更是尖锐地指出，这样做太影响平时的上课，把钻研功课及其他的正事都耽搁了，实在不能理解。有一个疑问在人们脑中，校园兼职到底该不该呢？暂且抛

开人们的激烈争议，设想以经济学的眼光，该如何看待这件事情——这依然是要涉及“机会成本”的概念。

在用机会成本加以分析之前，还要探讨一下读研究生和开擦鞋店之间的共性。说出来可能人们还不相信，依据当前的形势，上学和开店都是典型的风险投资行为，而且前者的风险还要高过后者。就投资成本而言，上大学的投入明显比开擦鞋店要高。按常理推断，“研究生擦鞋店”的注册资本在三四万元，而现在一个大学生一年的平均成本就超过一万元，据统计我国七个壮劳力也供养不起一名大学生。就投资收益而言，近几年来，大学生就业几乎成了难题，而且是一年比一年难。甚至在浙江、江西等地，有的毕业生已经开始寻求“零工资”就业。与之相比较，开个擦鞋店的收益倒显得稳定得多。

机会成本广泛存在于生活当中。对于个人而言，机会成本往往是我们作出一项决策时所放弃的东西，而且常常要比我们预想中的还多。以读研究生为例，现在的学校收费都普遍偏高，那么，你一年的学费、书本费和生活费之

和是不是就是入校成本呢？当然不是，还不止这些。在选择大学的时候，其实机会成本已经产生。

上大学的机会成本必须包括用于学习的时间的机会成本。如果将这些学习时间用于工作，那么它们也必然将是一笔收入，只是你不得不放弃了。这样，就会发现大学的机会成本是“实际的花销”再加上“放弃的收入”，如果你在读研前有一份收入不错的工作，我们就会发现你读研的机会成本将变得更大。

就成本而言，上大学的投入比开擦鞋店大。虽然新闻报道没有披露“研究生擦鞋店”的注册资本是多少，但按常理推断，大约不会超过 4 万元，而上大学就贵得多了。

被放弃的人也不要沮丧，如果没能上大学就把别人上大学的时间用去做生意，比如在义乌就有很多当年高考失利的学生在高考后就开始做生意。如果工作顺利，当年的同学大学毕业找工作的时候，那个没上大学的人就已经是老板了。

再回到前面所说的“研究生擦鞋”的案例当中，如果将读书与擦鞋两者的机会成本进行比较，就可以看出，研究生们牺牲部分学习时间用于擦鞋，其实是一种理性的经济选择。对于他们来说，放弃擦鞋的机会成本比放弃读书的机会成本更大。因此，他们的行为并不难理解，不应该遭到人们太多的非议。当然需要指出的是，这里其实还涉及另外一种机会成本，即本文中已经提到的情感和观念的选择。相信从长远来看，研究生对于学问的价值认同还是要高于擦鞋的，所以，他们是不会把读书的时间完全用于开擦鞋店的，他们需要的是在两者之间找到一种平衡。

买不买车，这是一个问题

李质在城东经济开发区的一家私营企业从事管理工作，可是他家却住在城南的一个小区中，家和单位之间没有直达的公交车，每天上下班转车至少要花费 2 个小时。每天早出晚归，李质渐渐感觉有点吃不消。他想着要买辆车，希望能够避免转车带来的时间浪费和精神压抑。

2010 年由于业绩突出，李质作为公司的中层领导，一下子领到了七八万元的年终奖。他琢磨着，年终奖拿了 7 万多元，再加上家里的一些积蓄，买一辆十来万元的经济型小车压力不是太大。买了车以后，每天上班就不用那么辛苦地挤公交了，上下班时间至少可以各压缩 1 个小时，自己也会轻松很多。买车还是不买车，很多在城市中工作的中年人面临着和李质同样的选择。在个人当前的经济状态下，买车是一个理智的选择？或者只是自己的一时冲动？

解决这个问题最有效的办法就是拿出一张纸，列出自己买车的收益和成本，或者比较一下买车的机会成本和不买车的机会成本，认真地权衡一下买车对自己来说是利大于弊还是弊大于利，是买车的机会成本大，还是不买车的机会成本大。

机会成本是选择某一特定方案放弃的其他各种可行方案的可能收益之最优值。这里的最优，并非实际发生的最优，而是选择者（决策者）的心理预期。比如说，10万元钱投资于房地产可获得利润20万，投资于股票市场可获得利润15万，如果把这10万元钱投资于房地产，那么可以从股票市场得到15万就是其机会成本，如果把这10万元投资于股票，那么可以从房地产投资中获得的20万就是其机会成本。一般地，最优的资源配置意味着该笔资源投向某一用途所担负的机会成本最小。

机会成本从来都没有真正发生，但它是我们选择某一方案、方向、道路时考虑的重点因素之一。人生的机会成本有时会很高，机会成本越高，选择越困难，因为在骨子里面我们从来不愿轻易放弃可能得到的东西。

仍然以李质为代表说明买车和不买车的机会成本差异：李质的孩子现在快参加中考了，为了能够使孩子顺利考上高中，妻子正在考虑给孩子报名参加一些课外的辅导班，帮助孩子提高一下成绩。其次，家里的很多电器已经处于需要更换的状态，妻子惦记着利用这些年终奖金把家里的电器换一下。

当然，最需要说明的是买车后的消费大大增加。买了车以后，每个月油钱、停车费、保

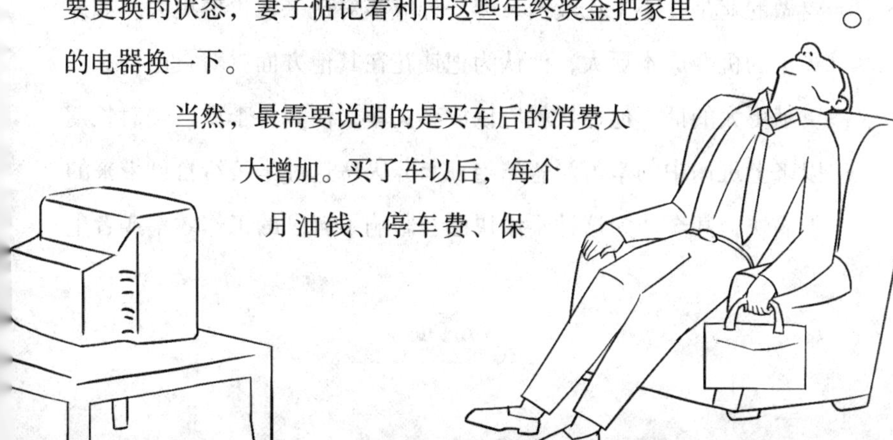

险费等养车的钱，至少得1000多元，这会大大地增加自己家的经济压力。现在家中经济虽然不紧，但是如果一下子每个月都得增加一两千元的花费，还是会打乱家庭现有的资金平衡的。买车能够给李质上班带来更大的方便，可以减轻上班的辛苦程度，也可以给家庭的出行带来更多的便捷。但是，李质买车的成本也很明显，那就是为了买车所需要支付10万元左右的资金。

如果购买的汽车不能带来直接的金钱收益的话，那么按使用5年来算，每年直接花在汽车上的钱加上汽车的贬值，在3~5万元。不论当前的家庭可投资支出（就是你拿来存在银行的钱或者股票、债券等投资支出）是5万还是10万元甚至更高的话，现在买个10万元的车，那么因为买车减少的投资收入（投资回报按10%年）在5年后累计达到28万左右。

李质买车的机会成本其实就表现为，这10万元用在其他方面，可以给他们家带来的享受和欢乐，比如说孩子可以通过上辅导班取得更好的成绩，考上好中学；家里可以换一套新的彩电、空调、冰箱、洗衣机；一家人也可以快快乐乐地旅游一趟，等等。

在清楚地知道自己买车将要付出怎样的机会成本后，李质所要做的就是在心中比较衡量哪一种成本对他来说价值更大。如果买车的机会成本更大，他认为把钱花在其他方面，对自己的家的贡献更大的话，他显然就应该放弃买车；而如果李质已经对长期以来上班途中的辛苦深恶痛绝，十分厌恶这种辛苦给自己带来的不愉快，甚至认为这种不愉快已经影响了自己的工作效率或者生活态度的话，显然不买车的机会成本会更大，那么他显然更应该买车。最终，李质通过召开家庭会议进行最后的商讨。好在体贴的妻子和听话的孩子很理解李质，孩子还很懂事地表示自己一定更加努力，不用上辅导班也可以考上重点高中。

听了妻子和孩子的话，李质决定还是买一辆汽车，不过他提出降低买车的标准，把原定的十来万元压缩到五六万元，把买车的花费控制在自己的年终奖之内，并且用剩下的 1 万多元给家中添置几件新的家电，他答应会在两年之内逐渐把家中的一些旧家电都更新，以后在周末经常带家人去郊外踏青。买车还是不买车，这只是我们生活中进行选择的一个个案。可供选择的道路越多，选择某一特定道路的机会成本越大，当然选择也越困难，因为所放弃的机会的数量和价值也越多。到底应该如何做出消费的决策，更多地取决于我们如何看待不同消费选择的机会成本，只要选择出对自己来说机会成本最低的消费项目，那么资金总会获得更大的使用效率。

第二节

沉没成本——追悔只是错上加错

沉没成本：失去的永不能再回来

如果面对以下问题，你会怎样回答？

单位发给员工每人一张免费音乐会门票，位置在前排中间，价值300元。可是天公不作美，在开音乐会的那天突然来了一场暴风雪，这场突如其来的暴风雪导致所有公共交通工具都暂停使用，但是音乐会照常进行。你如果要去，只能冒着寒风步行半个小时去音乐厅。

请问你会不会去听这场音乐会？如果这张票不是单位发的，而是你自己花300元钱去买的呢，你又会不会去听音乐会呢？很多人在第一种情况下都不愿出门，音乐会门票浪费就算了，想想自己的损失也不大；但是在第二种情况下，人们就感觉非常舍不得，宁愿冒着寒风和交通不便，也要坚持去听音乐会。为什么看似相同的问题，却做出完全不同的决定呢？

大多数人的直觉认为，单位发的票是“意外的收获”，不需要自己掏腰包，浪费了也不会太心疼；可是自己辛辛苦苦又排队又花钱去买的票，是付出了一笔不小的“成本”的。因此，人们在自己买票和单位发票两种情况下会作出不同的决策。不过，我们还不免疑问的是：为什么人们在自己花钱买票以后，就有更大的动力去听音乐会？

这种现象在行为决策理论中被称为“沉没成本谬误”，人们在决定是否去做一件事情的时候，不仅会看这件事情将给自己带来的好处和因此引发的成本，而且也会看过去是不是已经在这件事情上面有过投入，虽然这些投入已经是不能收回的沉没成本。

沉没成本从理性的角度说是不应该影响我们决策的，因为不管你是不是去听音乐会，你的钱已经花出去了。作为一个理性的决策者，你应该仅仅考虑将来要发生的成本（比如需要忍受的狂风暴雨）和收益（听音乐会所带来的满足和快乐）。不管去还是不去，钱都已经花了，它是个确定的常数，不应该影响我们其后的决策。

然而，现实中的我们

却很难做到如此理性与释然。不仅是看音乐会，很多时候我们都沦陷在沉没成本谬误的泥潭里：如果你没有玩儿过，至少也应该听说过，开心农场这个在网络世界风靡一时的游戏。在2010年，每5个Facebook用户中就有1人拥有“开心农场”的账号。Facebook甚至因为这个游戏的提醒信息泛滥刷屏、极度扰民，而被迫修改用户发布信息的方式。在该游戏鼎盛的时候，曾有8400万人同时在线——这一数量甚至超过了意大利的人口总和。

开心农场的玩家数量从那以后逐渐减少。到2011年初，还剩大约5000万人在玩它——这一数量仍然令人称奇。要知道，即使是风靡世界的经典网游魔兽世界，其玩家数量也只不过是开心农场的1/4。

这么看来，“开心农场”这个游戏一定非常非常好玩。一个游戏若能拥有如此之多的玩家，必然是因为它会带来持续不断、百分之百的乐趣，不是吗？事实果真如此吗？稍加留意你会发现，“开心农场”的持久吸引力和乐趣几乎全然无关。那么，人们为何会如此热衷于它？这也主要归咎于人们对于沉没成本的不甘心。

在生活中，该现象比比皆是。你在眼睁睁看着钱财离你而去时，感受到的痛苦是你得到同等价值的东西时感受到的快乐的两倍。这也是为什么市场营销最主要策略就是试图说服你，某个你想要的东西绝对物超所值——这样一来，你因为得到它而感受到的快乐就会抵消掉你付钱时的痛苦。如果这一推销策略成功实施，你就会觉得你实际上什么都不会损失；不仅如此，你还会觉得自己捡了大便宜。若你要花自己的血汗钱，通常都会尽最大可能避免损失——除非你就是为了烧钱。

这种情况再普遍不过了，人们在做购买决策的时候，除了产品本身能给你带来的效用以外，还受到很多其他因素的影响，比如促销，甚至有时候人们买某些东西仅仅是因为已经逛了一整天街还没有买东西而导致的。

不仅买东西如此，不少人还将整个人生陷入在沉没成本谬误的泥潭里无法自拔：毫无音乐细胞的人坚持要把钢琴学下去，只因为曾经买下耗资不菲的钢琴，并且已经花不少钱报了钢琴班；两个性格越来越不合的情侣早就没有了爱和甜蜜，勉强在一起只因为已经在一起这么久了，为对方已经付出了那么多，怎么也耗到结婚吧……

行为科学的许多研究表明，正常人往往是亚理性的。我们所说的“既然买了领带，就戴上吧”，“既然买了票，就去听音乐会吧”，实际上都是想通过这种“把事情进行下去”的方式来挽回沉没成本。可是我要问你：你花钱买领带的目的是什么？

仔细想想你就会明白，我们真正的回报并不是戴上领带或者去听音乐会，终极的回报是自己开心。戴不喜欢的领带或者冒着暴风雪去听音乐会给你带来的是负效用，那么你不仅没有挽回曾经沉没的成本，反而招致更大的浪费——不好看的领带让自己觉得别扭，或是一路寒风引发几天感冒。当然，我们并不是反对你戴买来的领带或者去听音乐会，只是以经济学的理性建议，不要因为沉没成本的存在而影响了你的理性决策。你仅仅需要考虑某件事情本身的成本和收益，如果最终的收益是自己的健康和开心，那么，之前和这件事情相关的成本，我们不妨借用一下阿Q精神，当那些不曾存在过吧！

不要在吃自助餐时想要赚回本钱

“沉没成本”是经济学家最感兴趣的一个话题。简单来说，沉没成本是指已经付出且不可收回的付款、投资，等等。一个拥有完整、健全的逻辑的机器人在做选择时绝不会把沉没成本考虑在内，但是你会。作为一个有情感的人，你对损失的憎恶会让你迈入沉没成本的陷阱。

如果你知道自己将永远失去某样事物，你会备感痛苦。为消减这种消极情绪，你会做出些荒谬的事。你是否有过这样的经历：挣钱本来不算太多的你花100元去吃烤肉自助餐，面对自选架上各种烤肉和花样繁多的甜点，不到半个小时，你的肚子已经开始处于饱和状态。理智告诉你，这在往常你已经不可能再吃下东西了。可是一看见又新摆上来的肉和糕点时，还是不由自主地拿了又拿。

结果因为贪吃，第二天早上弄得自己身体不适，不得不请假，去买药吃。病假至少要扣半天工资，才买了两盒药就花了快50元。算一下，这又搭上了一顿烤肉钱。像这样，有许多人在吃自助餐时都会想“吃回本钱是理所当然的事情”，但是按照刚才给大家介绍的方法来分析，这种想法是极其荒谬的。在进入自助餐厅时，需要支付的100元就已经变为了沉没成本，所以应该从脑海里抹去。

与之相比，在吃自助餐之前，认真考虑自己是否能够赚回100元的本钱才更为重要。每个人应该关注投资的决定阶段，而对于付出后不能收回的成本应该彻底忘记。

又或者，你是否曾经买了一份墨西哥卷饼，在吃了第一口后你觉得它简直难以下咽，但是你还是坚持吃完了它，只因为你不想浪费钱和食物？如果你有上述任何一种经历，那么恭喜你，你已经成为了一名沉没成本谬误受害者。一位李姓老太太，年近七十，体态臃肿，每次逛街买衣服都非常不易，耗去很多时间和金钱不说，还时常受到别人的“注目礼”。对此她非常苦恼，而且她由于肥胖，健康每况愈下。想想自己年轻时都很苗条，怎么到老了却长出这么多的脂肪呢？

原来，李老太太生性节俭，幼时的苦日子让她每每看到剩菜剩饭就不能安心，舍不得丢掉，结果就勉强多吃。时间长了，身形也就变了样子。浪费确实可惜，但为了防止浪费而把剩余的东西“塞进”自己的肚子里，这样的行为正确与否，值得思考。尽管我们小时候也曾接受过家长的类似教育，但从经济学角度来看，未必要这样做。因为剩饭不管是吃掉还是扔掉，都不会改变其浪费的性质。可能有人会问：扔掉那是浪费，这毋庸置疑，为什么说吃掉也是一种浪费呢?

买饭时就已经付出了一定费用，不要以为把剩余的饭菜全部吃光就能够挽回付出的成本损失。一方面，强吃剩饭不会让你有吃饭的满足感，相反，自己却可能因此感觉到痛苦；另一方面，强吃剩饭会给胃部消化系统等造成负担，久而久之也就容易出现李老太太那样的情况，对身体的伤害很大。这和在吃自助餐时想通过多吃来挽回付出的成本支出其实是一回事。

经济学的基本理论是以个人、公司采取合理行动为前提展开论述的，所以没有考虑到我们被沉没成本束缚的现象。但在现实中，有许多个人和公司都为沉没成本所累，接连不断地犯下许多错误。实际上，吃自助餐的结局就是更多的人吃得过多了，为了解决这个问题，行为经济学的理论备受人们的关注。简单地说，它的内容是以个人、公司的合理行为作为基础，同时还补充说明了我们为什么会在不经意间作出非合理性判断的原因。沉没成本的束缚也是行为经济学的重要课题之一。

你在生活中很可能遭遇过类似的境况。比如，你想要换个专业，辞掉工作，或者结束一段糟糕的恋情。但是你没有这么做，你继续着，忍受你的专业、工作和糟糕的恋爱，不是因为它们能给你带来美好的人生体验，而只是因为你已经为它投资了太多的时间、经历、金钱或者别的什么，你想要避免损失它们所必将带来的负面情绪。

当然，也不是所有人都会陷入沉没成本的束缚，能够彻底忘记沉没成本进行合理性判断的人，将会作出对自己有利的选择。希望通过这一节的学习，大家能够记住沉没成本的概念，同时还要牢牢地记住“忘掉沉没成本至关重要”这条原则。

每个人作决策时，正确理解沉没成本的概念十分重要。我们每个人的时间都是一旦付出就绝对无法收回的沉没成本。因此，是否能够冷静地评价过去花费的时间，将会严重左右我们的人生。虽然谁都不愿意承认自己浪费了宝贵的时间，但希望大家不要被已经成为过去时的沉没成本所束缚，连未来的美好时光都耽误了。

摔坏了的照相机应该拿去修理吗

对于大多数消费者来说，数码相机已经成为一种生活必需品了。而消费者在实际维修过程中的感受、遭遇，远比往年我们做过的售后热线调查更加真实，更加有参考价值。在生活中我们可以发现，消费者的观念也与去年有着较大改变。其中印象最深刻的是，多位被访者表示，宁可买部全新的数码相机，也不愿意花费数百上千元去修理一部有故障的数码相机。现在使用的数码相机是省吃俭用攒了3500元才买的，而且是当时最先进的机型，李先生每天都爱不释手地拿着它拍照。可是就在昨天，却不小心把它掉到地上摔坏了。于是李先生急忙向厂家询问，他们说修理需要花 1500 元。天啊！1500 元实在是太贵了，但不拿去修理的话又不能使，而且之前还花了 600 元修理过它呢。

“就此放弃的话，买相机时的 3500 元和过去修理时花的 600 元，共 4100 元都将白费了……”想着想着，李先生走到电器城一看，发现同一款相机正在做促销，而且只卖 2000 元。应该怎么办呢？这也是一个被沉没成本束缚的例子。过去所支付的 4100 元在这里就是不折不扣的沉没成本，应该彻底忘记。为了能够得到相同的照相机，选择修理的话，要多花 1500 元，而选择重新购买的话，只需要花 2000 元。

经常听说“经济学是一门选择的科学”，那么，在我们实际进行选择时，沉没成本能够起到什么作用呢？它教给我们：在决策时不要考虑毫无回收希望的成本，要重新回到原点思考未来。覆水既然难收，不如放任自流。这个时候，作为消费者的李先生应该放弃过去支付的 4100 元的沉没成本，重新购买一个相对便宜的相机，而不应该选择修理。

当然，李先生的情况并不是生活中的个案，很多人在生活中也曾面临和他相似的困扰。

一般而言，相机的维修费用都比较高。据业内人士介绍，相机的维修费用一般包括技术费即检查费和材料费两项。而技术费也分成三个层次：轻度维修、普通维修和重度维修。即使

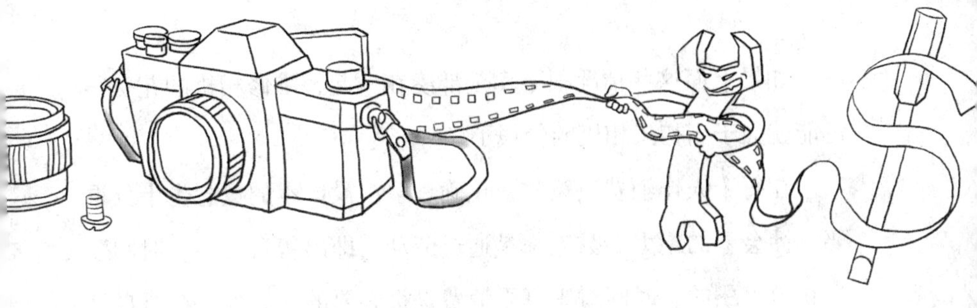

是不要拆机维修的项目的最低价格也要几十元到上百元不等，而如果需要内部拆卸的话，技术费则要高得多，而且相机越贵技术费越高。

除此之外，有的维修点缺乏相应的维修技术，消费者不得不将损坏的相机邮寄到厂商所在地进行维修，这么一来回少则三个月多则半年。这就需要消费者支付昂贵的时间成本。更可怕的是，那些已经过了保修期的机器的维修的费用需要用户自己付。而如果是感光元件的问题，单单技术费就要五六百元，加上材料费就要过千元了。

维修市场里的不规范收费也使得消费者需要理智放弃继续增加投入，避免相机沉没成本扩大化。据悉，漫天要价而没有一个标准已经成为反映比较集中的问题之一。需要更新的主要配件是在液晶显示屏、相机镜头收缩、更换镜头、线路板、主板、传输端口等，如果是CCD之类的关键成像部件，维修价格还会更高。而个别维修人员为了追求利润最大化而对一些可能花几元钱就能修好的部件，采取整体置换的方法，这动辄就要好几百元。

如果上面这些情况很不幸全部凑在一起，维修相机的花费很可能就大于当初买相机的价钱了。

在每个人作消费决策时，正确理解沉没成本的概念也十分重要。社会上的绝大多数人都是通过劳动，即出售自己的“时间”来获得报酬的。时间对于享受消费是很必要的。另外，在对自己进行投资，选择某种学习时，如何分配时间也非常关键。

我们每个人的时间都是一旦付出就绝对无法收回的沉没成本。不管沉没的是什么，又有多少，对未来而言，都已经没有意义。彻底放弃那些沉没的东西，才是最明智的选择，才是智慧的体现。

航空公司亏本运营的秘密

坐飞机的人各种各样，有大老板出差的，有小老板出差的，有老白领拖家带口去度假的，也有小白领带女朋友去浪漫的。这些人对价格的敏感程度是不一样的。而这个差异也使航空公司在同一航班上出售不同折扣的票成为了可能。

一般情况下，春节是飞机运行的高峰期，机票也是一年当中最贵的，春节过后，人们开始步入工作正轨，进行远程旅行的人减少。航空公司为了满足航线上座率，不得不选择打折出售机票。一般在淡季，国内的很多航空公司都处于亏损状态。

再者，飞机与车船不同，它要摆脱地心引力，所以燃油消耗巨大。油费一般占到营业费用的35%左右。油价的上涨使航空公司不堪重负。2001年原油价格每桶20美元，2016年原油价格高40美元一桶。2016年燃油费占中国航空公司主营收入的30%以上，全球许多航空公司亏损。

但是我们却发现它们依然在运行，这是为什么呢？

因为航空公司大部分的成本是购买飞机、建设飞机场等硬件设施，每次飞行所带来的成本是很小的。而这些硬件设施一旦投入就无法挽回，即使你说现在不飞了，那也没有办法使已有的投资收回，所以对于航空公司来说，继续飞行是最优的策略。这些固定成本支出就是航空公司已经付出的沉没成本。一旦航空公司停飞，巨大的成本无法回收，资金链断掉，那么航空公司就要面临破产。

亏本运营的航空公司会面临两种情况：在旺季，获得盈利使淡季时的资金缺口得到弥补；或者，就算在旺季却由于同行的激烈竞争，无法获得足够收益，最终入不敷出，迅速破产——当然，此时航空公司要承受的亏损金额要远大于淡季退出时的亏损。

经济学还把“技术”视为企业的核心部分，其中包括商品的生产方法、提供服务的模式以及公司的运营经验等等。大部分企业都是以追求利润为目的展开经营活动的。虽然也有一些例外，但是不能获利的企业最终还是会从市场上消失。

中国航空工业第一集团公司在2000年8月决定今后民用飞机不再发展干线飞机，而转向发展支线飞机。这一决策立时引起广泛争议和反弹。该公司与美国麦道公司于1992年签订合同合作生产MD90干线飞机。1997年项目全面展开，1999年双方合作制造的首架飞机成功试飞，2000年第二架飞机再次成功试飞，并且两架飞机很快取得美国联邦航空局颁发的单机适航证。这显示中国在干线飞机制造和总装技术方面已达到90年代的国际水平，并具备了小批量生产能力。

就在此时，MD90项目下马了。在各种支持或反对的声浪中，讨论的角度不外乎两大方面：一是基于中国航空工业的战略发展；二是基于项目的经济因素考虑。

单从经济角度看，干线项目上马、下马之争可以说为“沉没成本”提供了最好的案例。许多人反对干线飞机项目下马的一个主要理由就是，该项目已经投入数十亿元巨资，上万人倾力奉献，耗时六载，在终尝胜果之际下马造成的损失实在太大了。这种痛苦的心情可以理解，但丝毫不构成该项目应该上马的理由，因为不管该项目已经投入了多少人力、物力、财力，对于上下马的决策而言，其实都是无法挽回的沉没成本。

企业在撤销某个部门或是停止某种产品生产时，沉没成本中通常既包括机器设备等固定成本，也包括原材料、零部件等变动成本。通常，固定成本比变动成本更容易沉没。从数量角度看，沉没成本可以是整体成本，也可以是部分成本。例如中途弃用的机器设备，如果能变卖出售获得部分价值，那么其账面价值不会全部沉没，只有变现价值低于账面价值的部分才是沉没成本。

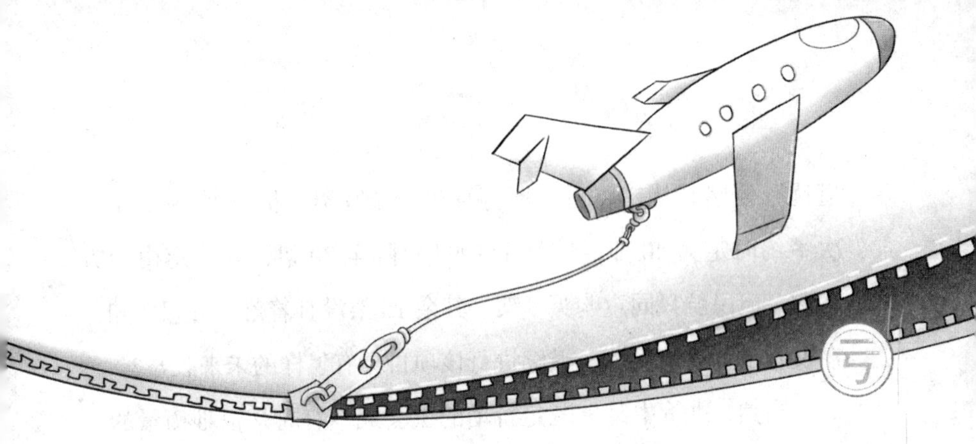

仅仅认识了沉没成本尚不够。事实上，这当中仍有认识上的盲点，必须建立决策成本的观念。有这样一些例子：一些审慎的决策者因为将一些不相关的成本纳入决策成本考虑而错失了本来可行的项目；另一些冒进的决策者则因为将相关成本错误排除在决策成本之外而对项目做出盲目乐观的估计。

可见，在行动和决策时，建立决策成本的观念十分重要。衡量投资项目成本，只能包含因进行或选择该行动方案而发生的相关成本。相关成本指与特定决策、行动有关的，在分析评价时必须加以考虑的成本，包括差额成本、未来成本、重置成本、机会成本等。非相关成本则指在决策之前就已发生或不管采取什么方案都要发生的成本，它与特定决策无关，因而在分析评价和最优决策过程中不应纳入决策成本的范畴，如过去成本、账面成本等。

从决策的相关性看，沉没成本是决策非相关成本，若决策时计入沉没成本，将使项目成本被高估，从而得到错误的结论。

事实上，在中国航空工业 MD90 干线项目下马完全是“前景堪忧”使然。从销路看，原打算生产150架飞机，到1992年首次签约时定为40架，后又于1994年降至20架，并约定由中方认购。但民航只同意购买5架，其余15架没有着落。可想而知，在没有市场的情况下，继续进行该项目会有怎样的未来收益？

当然，决策中某一既定行动的机会成本有时是很难衡量的，成本估计可能是高度主观和随意的。此外，有关评价应当考虑资金的时间价值，以贴现指标为依据。这些都应引起决策者的注意。

在复杂的市场当中，投资决策的失误有时也是在所难免的。一旦出现，则需要避免将错就错、一错到底，这才是真正考验管理水准的时候。另外，通过合资或契约，采用非市场的管理结构等，对于减少沉没成本都是十分有利的。

第三节

交易成本——买大杯咖啡是双赢的选择

商品一样价格却不同的神奇奥秘

柴米油盐酱醋茶，要生活就需要消费。芸芸众生谁都离不开购物抑或接受各种服务，这些早已成为我们生活不可或缺的组成部分。当今，社会能够为民众提供各色食品、各类服饰乃至种类繁多的日用品和家用电器，尤为便于选购，因而百姓能够充分享受丰富多样的消费生活。

购物或者接受服务在普通人的一日生活中占有很重要的分量，工薪阶层的每天几乎都是这样度过：乘坐公交车上下班、购买当天报纸或杂志、在快餐店吃顿快餐、夜里和三两同事小酌几杯啤酒，如此日复一日，鲜有变化。

有一个人喜欢喝雀巢咖啡，因为工作比较忙，经常会买简易的听装雀巢。很多人可能也有和他一样的经历，在大型超市、小型便利店、自动售货机等好多地方都可以见到卖听装雀巢咖啡的。但是只要稍加留心，你会发现其中一个有趣的现象：相同品牌，

重量亦同，均为180ML的听装雀巢，不同店家的售价颇有差异。

比如，自动售货机标价4元，在小型便利店花3.8元即可买到，百元店零售价3.2元，而超市搞特价销售时用3元的低价位便能到手。另外还有，大学校园内自动售货机上卖4元，有些超市以3.6元、3.7元、4元的不同价格销售给顾客，部分小型便利店有时也会以4.3元的价格对外出售，个别百元店甚至以含税4.5元的价格卖给消费者。而在网上有的团购活动只要78元就能买到24听雀巢，平均每听不到3.3元。

同样是听装咖啡饮料，为何会存在售价差别呢？经常喝饮料的消费者，遭遇到价格高低不定的情形，是否是自己不够聪明而被商家愚弄呢？

其实，造成同物不同价的原因只有一个，即称为“交易成本”的成本概念存在其中。

消费者在不同的店家以不同的价格购买相同的产品，这是一种十分有趣的经济现象，对此种市场格局进行仔细分析后，可以将其归结为两种情况。

第一，看似相同，实则不同的商品出现的同物不同价现象；

第二，真正的同物不同价现象。

就第一种情况而言，给人感官上完全相同的听装咖啡，由百元店销售时是不会对其进行冰镇处理的，而自动售货机或小型便利店提供给消费者的是冰镇咖啡。

当然，自动售货机或者小型便利店也销售经过加热处理的听装咖啡。冰镇或加热处理后所附加的服务价值是两者价格层面的真正区别。

第二种情况就是由交易成本导致的。交易成本中包含为获取相关“信息”而付出的成本。消费者为了能够以更低的价格购买到品质更优的商品，往往会收集汇总多种信息以便进行比较和遴选，此时所付出的时间和精力成本以及店家为向消费者提供有关信息而付出的“工夫成本”等均应列入交易成本中。

这些都是“交易前”所花费的。其他应该包括在“交易前”成本中的项目还有你与周遭受影响的人们进行协调、沟通的成本。比如，住在租赁公寓的人在购买你喜欢的宠物前，需要与房东沟通以取得其谅解——进行这种事先协调所耗费的工夫即为交易成本。

换个角度来说，消费者甘愿接受不同售价也有其自身原因。消费者宁可选择自动售货机花 4 元的高价格购买，也不希望为了省些钱等到打折时去超市购买 3 元的听装雀巢咖啡。对于单独的个人来讲，这当中有节约“成本”的原因，所以才导致他们自然不自然地选择自动售货机。

的确如此，购物时所支付的金钱是消费生活中最重要的成本开支，但这仅仅是问题的一个侧面，事实上我们每个人在购买全过程中还需要付出其他环节的成本，比如时间、体力和精力等。

当然，不是每个人都会忙得没有时间去超市或者没有足够的耐性等到超市咖啡打折。很多人觉得自己动手冲咖啡也无所谓。此时此刻咖啡和自来水对他们而言即是需要付出的成本，购买可以沏出 180ML 咖啡的咖啡粉不过很少几个钱，并且自来水也花不了几个钱，既节俭又能自得其乐。嫌自己泡茶麻烦之人大多会就近去买听装咖啡饮料，如果站在自己动手冲咖啡的角度，与其说作为消费者我们购买的是瓶中饮料水，还不如说购买的是自己想喝茶但又不想动手从而接受他人提供的此种服务。

外出游玩，并且中午在外面野餐吃盒饭。感觉口渴想喝茶时，如果自行准备水壶、咖啡粉等较为麻烦，因而一般人会事前买好听装咖啡饮料，这样可以减少用于筹备相应物件的时间与精力，同时节约由此带来的成本。遇有此种情形，可以提前备好超市特卖的 3.6 元的听装咖啡。若还嫌费事（听装茶有一定重量），可以径直在公园的自动售货机上花 4 元购买一听，这样能够减少外出需要携带物品的数量和重量。

相当多的人对那些日常生活必备的、需要经常采购的物品的价格，心中基本是有数的。同时作为消费者中的一员，我们最好尽可能地总结购物时的经验教训，充分掌握好选购的时机以更好地节省时间或者精力成本。

每个商家会根据具体情况赋予物品不同的销售价格，由此不难理解为什么有些地方的茶叶价格高，而另一些地方的价格低。同一商品名称的瓶装茶，在步行10分钟左右范围的不同销售点或者自动售货机上，其价格会迥然不同，而且每处均拥有各自相对固定的消费群体。

吃肯德基，网上订餐还是上门自取

肯德基是美国的快餐，1987年11月肯德基率先进入中国市场，成为了中国市场上的中高端产品，让中国认识了一种别样的快餐。肯德基让洋式快餐中国化，吃肯德基逐渐成为中国市场上的一种时尚，慢慢地人们习惯肯德基的味道、肯德基的情调。

肯德基网上订餐主要依托实体店的存在完成网上订餐功能，这个网站主要针对那些在公司上班，没时间去吃饭的白领，或一些宅男宅女。平时在店里排队为了吃上一顿饭要排队排很久，现在有了网上订餐这个网站，让人们既可以在网站上选择想要吃的食物，又节省了时间，还可以足不出户，就可以吃到美味可口的东西。

2011年7月开始，肯德基开始推出网上订餐每天一款半价的优惠活动。

星期一：新奥尔良烤鸡腿堡，原价 15.00 元，半价 7.50 元；

星期二：香辣鸡翅两块，原价 8.00 元，半价 4.00 元；

星期三：香辣鸡腿，原价 14.00 元，半价 7.00 元；

星期四：培根蘑菇鸡肉饭，原价 18.00 元，半价 9.00 元；

星期五：新奥尔良烤翅两块，原价 9.00 元，半价 4.50 元；

星期六：葡式蛋挞，原价 5.00 元，半价 2.50 元；

星期日：吮指原味鸡，原价 7.00 元，半价 3.50 元。

于是，喜欢吃肯德基的顾客开始面临一个新的选择，是在网上订餐还是上门自取？

消费者进行购物时的满意度分为，从购买的物品和服务“功能”得到的满足感和从稍微的“好感”得到的满足感两种。

例如，在肯德基餐厅吃饭时的满足感中，确保椅子和桌子等吃饭的场所的设施，并从不同食物可以补充的营养得到的满足感，就是来自功能的满足感。

店铺的环境好，店员的应对干净利落，可以很舒适地吃饭，因调味及装盘的方法感觉到饭菜的可口，我们可以认为这是因情感而得到的满足感。

有时消费者大部分的满足是从功能中获得的，但在很多的物品和服务消费中，我们认为大部分的满足是从情感中获得的。如果只看功能的话，对于可以很好地摄取营养的饭菜和时刻知道时间的时钟及可以很好地包裹身体的衣服，只因好吃或设计好就会支付很高的费用来购买。

以肯德基的网上订餐为例，顾客在网上订购自己喜欢的套餐，由肯德基送货上门，既使自己免去了排队（某些时间段，排队选餐的人可能较多）的辛苦，又能省去从自己家去店里所花掉的时间。

当然，世界上真的没有平白无故掉馅饼的事儿，送餐时使用的外带饭盒和劳务人员支出都是要算在送餐费里的。选择网上订餐就需要另外支付 8 元 / 单的送餐费用。后来肯德基在送餐费用上做出进一步改进，即网上订餐一次满 29 元就可以免去配送费，像这些时间与精力（劳动成本）、额外的金钱支出、其他资产的使用、心理负担等在购物时需要付出的代价，被称为交易成本。它意味着我们在各种各样的经济活动中，除了需要为商品和服务付款之外，还要付出更多的代价。

但是，交易成本只是一个相对的概念，即便对于同一种交易，因为看问题的角度不同也会有不同的解释。比如说，当你网购一种商品的时候，运费 20 元需要另行支付。这 20 元如果以店家和你之间进行的商品交易为中心来看的话，它属于交易成本的一部分。但是，对于快递公司来说，这 20 元是他们将这件商品送到你家的配送服务的价格，如果以配送服务交易为中心来看的话，这笔钱就成了配送服务费，而不能算交易成本。

在我们收集信息进行购买决策的过程中所消耗的成本，以及店家为了把这些信息传达给我们所消耗的成本，都属于交易成本。而且，这些都是在“交易前”所需要付出的代价。原本进行肯德基网上订餐时需要另外支付的配送费就是“交易前”要支付的成本。另外，你去商店的途中付出的成本，与你讨价还价时付出的劳动成本，既可以看作交易中成本，也可以看作交易前成本。

肯德基与麦当劳成为很多人网上订餐的选择，外卖业务已经成为这两大餐饮巨头在新兴市场中销售额增长的重要部分。如今，肯德基在中国总共拥有3000多家门店，其中半数以上都提供递送服务。

据百盛集团首席财务长卢卡奇预计，在接下来的10年中，将会有超过2000家新开门店提供递送服务。肯德基还在其他亚洲国家、中东、中美洲和墨西哥提供递送服务。

作为中国境内规模最大的快餐连锁店，肯德基依靠递送服务进一步拓展了品牌延伸领域。在中国，肯德基正在以每年约400家新门店的速度扩展规模。据卢卡奇说，其中半数门店都将提供递送服务。

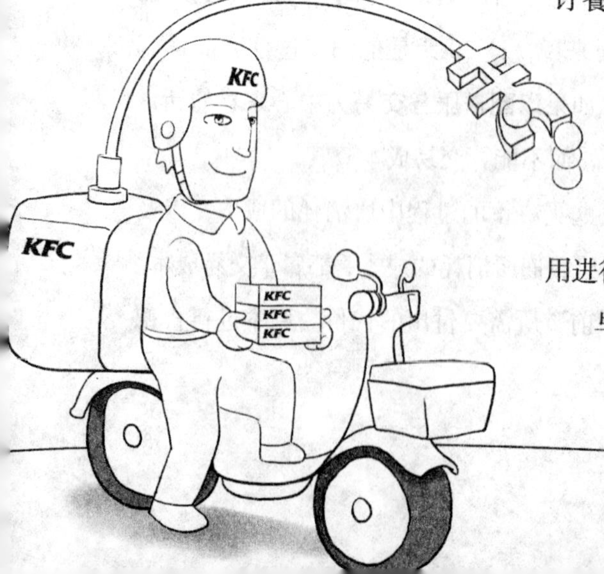

无论是选择肯德基网上订餐还是进行其他购物选择时，消费者都需要把交易成本提前考虑在内，看是否需要支付其他费用，并根据这些费用进行总体衡量。

与消费者复杂的选择相

比，肯德基方面就显得简单一些。网上订餐既能够扩大销售，又能在为消费者提供便利的同时实现企业品牌在互联网上的有效传播，何乐而不为？

在对各种物品和服务进行交易（买卖）时，除对所交易的物品和服务的价值进行支付并产生的另外的成本，本书将其称为交易成本。在此前的章节中已经出现了各种交易成本，如为了买东西而走到店铺所产生的成本，以及为寻找自己喜欢的商品而付出的成本等。

由此看来，交易成本具有相当广泛的意义。例如，某家位于街道尽头、正在销售被评价为非常好吃的点心的店铺，为了节约从很远的地方赶过来购买点心的顾客的交易成本，而在交通方便的车站前开设分店进行销售，这样一来，店家就将承担昂贵的房租，以及将点心运送到车站前的成本。所以，通过特意在车站前开设分店而产生的各种成本，从广义上讲，也可以认为是为了销售点心而产生的交易成本。

考虑至此，就不难发现为什么近来一些本土的网上快餐店也开始遍地开花。如501网络快餐、好味美网络快餐、旺旺网络快餐等，图文并茂。除了公布订餐电话外，还开有网上即时QQ订餐等，价格和一般快餐相当，使得未来“网上快餐店”极有竞争力。商家开始从交易成本出发，从消费者身上赚得利润。一些上班族对于网上订餐欣然接受——虽然这要多花一点钱。

去星巴克应该买多大杯的咖啡

星巴克销售各种饮料，按其大小可以划分为中杯、大杯、超大杯等多种规格（未规定规格的种类有若干）。中杯容量最小，约 240 毫升。超大杯容量最大，为中杯的两倍，约 480 毫升。

不过，作为同样供消费者选用的饮料，中杯的饮料与超大杯饮料在价格方面的差额正好为 6 元。无论是标价为 21 元的中杯美式咖啡，还是售价为 30 元的冰香草拿铁，超大杯规格的同种饮料其价格就要比中杯规格贵 6 元。

售价 21 元的中等规格饮料与售价 30 元的 S 规格饮料，其饮料种类是不同的。同种饮料，如果将中等规格换为超大规格，容量上增加了 240 毫升，增加部分的相应价格是 6 元。请注意增加的 240 毫升，这导致了原本价值完全不同的饮料以相同的价格对外售出。那么，去星巴克喝咖啡的话究竟要选择多大型号的杯子呢？ 21 元的饮料与 27 元的同种饮料，大小容量相差两倍，价格却仅有 6 元的区别，这对消费者而言是相当划算的。当然果断要选择大号的杯子，但是你又开始在想，类似星巴克一样的大型连锁店，采取的销售政策是全国统一售价（麦当劳自 2007 年夏季开始实施地域差别价格），即不管是寸土寸金的上海南京路还是地价相对便宜的其他地区，咖啡价格均无二致。假如地价较高地域的连锁店里，多数顾客消费的都是大容量杯子盛装的饮料，那么星巴克又是如何赚取利润的呢？

如果实在想不明白，不妨就站在咖啡店的经营者的角度上进行一下换位思考。

咖啡店要营业需要几名店员，需要支付店铺租金以及水电和燃气费等，还必须准备装咖啡用的纸杯和设备等。其中占成本大部分的是店员的人工费和店铺的租金。那么，就粗略地计算一下成本。

店员询问顾客喝什么咖啡然后收钱，用时约 1 分钟。其间店员会观察其他客人有何反应，并就客人对价目单提出的疑问做出回答，此项工作费时两三分钟。沏咖啡需要 1 ~ 2 分钟，这将取决于饮料的种类。此外，因为还要间接地处理一些必要的工作，如清洗烹饪器具、打扫店内等，如果将出售 1 杯咖啡所需的时间假定为 5 分钟，1 分钟 1 元，5 分钟就要扣除 5 元的人工费。如果销量增加一倍，人工费固然会增加很多（需要另外增加人手的话），但是房屋租金在咖啡里的摊平成本会大大降低。在该计算

例子中，其中咖啡豆的价款，只要向生产咖啡豆的种植户支付几元（最多2元）即可，设想利用这种价格的咖啡豆制成的咖啡以21元的价格进行出售。仅这样，也只能赚到2元。

试着将杯型尺寸扩大为原来的2倍，但不管什么饮料都提高100元的价格来设定进行讨论。不再提供普通款杯子的咖啡转而提供超大款杯子的咖啡，从点咖啡到买单所花费的时间没有变化。制作饮料所花费的时间也仅仅多花费几秒钟（或者十几秒钟）。越是价格昂贵的饮料，越是要多花费时间，如加牛奶、加巧克力等，所以也许将增加人工费用方面的成本。但是，那是店员非常繁忙地进行工作的情况，在进店消费的顾客少的时候，因为仅仅利用应该休息的时间，所以也可以不考虑人工费用的增加情况。

越是价格昂贵的饮料，其利润率（利润对价格或者销售额的比率）越高。而且，杯子尺寸越大利润率越高。对店家来说，超大款杯子的特色咖啡最赚钱，也最畅销。所以通过将普通款杯子的特色咖啡与超大款杯子特色咖啡的价格差控制为6元，让顾客看起来超大款杯子特色咖啡更充满魅力，进而吸引顾客进行消费才是合理的。

所以，如果只是关注通过杯子尺寸扩大为原来的2倍而追加的240毫升，那么不管那是何种饮料，都可以认为饮料的生产费用就是成本。消费超大款杯子咖啡的顾客，从店铺方面来看就是高效并且可以赚取更多利润的顾客。正如前文所介绍的，在上海中心位置街区，据称消费大款杯子咖啡的女性顾客比较多。她们为提高店铺的利润做出了贡献，对店铺来说就是好主顾。

如果将交易成本的概念扩大来看物品和服务的交易成本，那么很多种情况下，交易成本占了整个成本相当高的比例。在咖啡店里销售的咖啡中，其原材料所需的成本非常低，人工费所占的比例很大，但是如果仅从泡制咖啡这 1 ~ 2 分钟的工作来看，人工费也并不那么高。可以说为迎接顾客而进行的等待、进行各种准备以及清理工作所花费的人工费相当高。

虽然是以各种形式产生的交易成本，但是如果有好的节约交易成本的方法，单凭这一点，消费者与企业就可以得到利益。因此，通过从“节约交易成本”这一角度进行分析，便能够理解各种商业活动的本质了。

消费者想要不盲目地进行购物，最重要的还是在购买前认清自己承担的成本，以及店家和制造厂商为顾客承担的成本等各种交易成本。在清醒妥帖的基础上，进行购物选择，而不致成为消费的“冤大头”。

同类店铺应该开在住宅区的什么位置

提到购物时的交易成本，大多数人头脑中闪现的主要是花费在来回路途上的“工夫”（时间与体力）或者交通费。其次是为了寻找销售质优价廉货品的店家而搜集相关信息所耗费的成本。相信每个商家都希望招徕大量消费者进店并实际购买商品，那么怎样做才能遂心如愿，吸引到更多的顾客呢？商家最好为顾客着想，尽量节约他们在交易成本方面的花费。外贸服装店的选址一向是业界人士认为最重要的因素。虽然深圳华强北等商圈一直以来都是外贸服装的集散地，但也有不少人将店开在住宅区。这些店主都有在繁华地段经营服装的经历，但由于租金太高，所以后来选择了放弃。

商业区和住宅区各有优势。住宅区租金便宜，客户群增长较慢，但客流量稳定，回头客起码占到90% ~ 95%。服装市场商业区房租较高，但客流量大，而且多生客和游客。如果经营女装精品，人流量大的地段会是比较好的选择。但选择人气虽旺但租金较高的铺位则会有一定风险。在住宅区开外贸服装店必须注意一个问题，就是服装店所在的居民生活区周边是否有较多的高档住宅。如果需要买东西，消费者肯定会选择就近购买。住宅区向来是商家开电脑店的优良地段，如果商家切实为顾客考虑尽量缩减其交易成本，即使不降价销售也能吸引众多消费者前来购物，并且赚头比单纯降价带来的利润还要高。

无论商家销售何种货品，如果采取降价促销的方式，一定会不同程度地增加客流量。不过，仅仅采取降价这种单一销售手段，商家在每种降价货品上的利润会受到影响。从消费者角度来看，他们承担的不只是商品价格，还要承受由购物所花费的“工夫”等造成的交易成本的负担。尽管大部分人并未真正意识到这当中有什么差异，但还是建议商家采取降价销售和尽可能地节约顾客交易成本这种组合型商业策略。

那么，在已经有店家在住宅小区增设分店的情况下，同为竞争关系的其他商家该如何选择呢?

小区首个家电量贩店选址在中心区域。假如作为竞争对手的第二个商家决定在住宅区设立分店，那么开张营业后将基本上只有居住在该线右侧的居民进店消费。这表明，随后进驻的店家最多也就能够赢得该小区 25% 左右的客源，而其他约 75% 的客源流向了位于中心区域的首个进驻的家电量贩分店。名古屋市内咖啡馆数量众多(咖啡店早上的饮品种类非常奢华)，而且多为名店。2006 年 8 月，连锁店遍布全国的咖啡店——布伦特进驻该市。其首家分店选址区域周边还有星巴克、“多多路咖啡”等知名咖啡连锁店。

作为全球著名品牌，古琦于 2006 年秋季选择在名古屋市中心区域开设临街店面。而在其周围密集地分布着不下 10 家经营服装或服饰品的国外知名品牌。店家聚集越多，彼此竞争越激烈。为了生存，商场选择提高服务质量，降低商品价格，由此人气越旺，形成一种良性竞争和生存的环境，并招徕其他地区的消费者前来选择购物。

彼此竞争的店家喜欢聚集在同一区域内，这种趋势也可以用来解释其他现象。比如，互为对手的商家销售的主流商品越发接近。其实像这种相互竞争的家电量贩店集中在某个区域内经营的现象，在各地随处可见，其中比较典型的如北京的中关村，以及随处可见的爱打对手戏的肯德基和麦当劳。

最糟糕的情形莫过于在中心区域以外地点选址开店！如此，不但有半数以上的居民流向中心区域的商场，而且营业后还要付出巨大精力用于想法吸引消费者，负担很重，得不偿失。当然，也有其他因素导致消费者流失，但选址不当无疑是其中很重要的负面因素之一。

为避免区位劣势，后进驻者也应该在中心区选址开店以便与先进驻者开展竞争。在同等条件下能够赢得至少一半客源，再利用其他优势资源与手段击败竞争对手，最后形成赢家通吃的局面，将全部客源据为己有。凭借强烈的商战欲望与夺取胜利的自信，后进驻者应该进军中心区域。

当前的情形是已经有先进驻者和后进驻者开设的量贩分店，而除此之外的第三方投资者也正谋划在该小区开店的相关事宜。假设该投资者也选择中心区位，那么这里将演变成三足鼎立之势。通过竞争，三方可能各得 33.3% 的客源。

淘宝网专门设立了一种专门对商场价格进行比较的网站，不少消费者选择在家中上网收集、对比有关信息。其实，亲自前往家电量贩店相对集中的区域与商家面对面地讨价还价，要比你在网上搜索一番后想当然地认为最便宜的商场购物更能获得低廉的价格。总之，多逛几家店，效果更明显，消费者据此能少掏些票子。居住在住宅区周围的消费者，如果从信息搜集成本角度考量，建议你们去小区中心位置两个互相竞争的商场购买商品，那样比你去远离小区的商业区购物更能节约交易成本。

第三章

资源配置：人尽其才，物尽其用

第一节

比较优势——尺有所短，寸有所长

越南制造为什么有吸引力

据越南某报报道，2016年上半年，外国直接投资越南新批项目共907个，其协议资金为近76亿美元，项目总数和投资总额分别同比增长53.2%和155.9%。加上425个增资项目，协议资金总额已超过100亿美元，同比增长136.4%。外资实际到位资金约58亿美元，同比增长17.2%。2016年前5个月，加工制造工业继续是吸引最多外资的领域，其协议资金超过66亿美元，占全国协议资金总额的65.1%。

越南是制造业的新兴之地。尽管“越南制造”的真正崛起还需假以时日，但这个人均年龄只有30岁的年轻国家在发展中势必享受到巨大的人口红利。的确，开始步入老龄社会门槛的中国已经越来越不适合搞低端的制造业了。

人们不禁要问，越南的制造业为什么有如此巨大的吸引力？答案就在于越南的制造业存在巨大的比较优势。

越南地价便宜，是吸引外资的一个优势。但随着外资企业的增多，地价开始上涨了。在2006年六七月份，1平方米地的50年租金为160美元，但现在有地也买不到了，因为开发商建起了厂房，用于出租，1平方米月租6美元。再如新造加工区，1平方米为230美元，新富中工业园区，每平方米60美元。在非工业园区，价格比工业园便宜一半，或者只有工业园的1/3，但工业园内的水电、安全都有保证，交通便利。非工业园，经常停电，因为越南电力短缺。2008年，越南电力仍然短缺，所以继续从中国购电，以便保证北部地区的用电需求。

尽管工资、物价、地价都在上涨，基础设施、产业配套不足，但最近两三年来，日本的佳能、松下、雅马哈，中国台湾的鸿海、富士康、仁宝，以及英特尔等国际知名的企业，纷纷进驻越南。2000年以来，越南制造业产值每年以11%的速度增长。

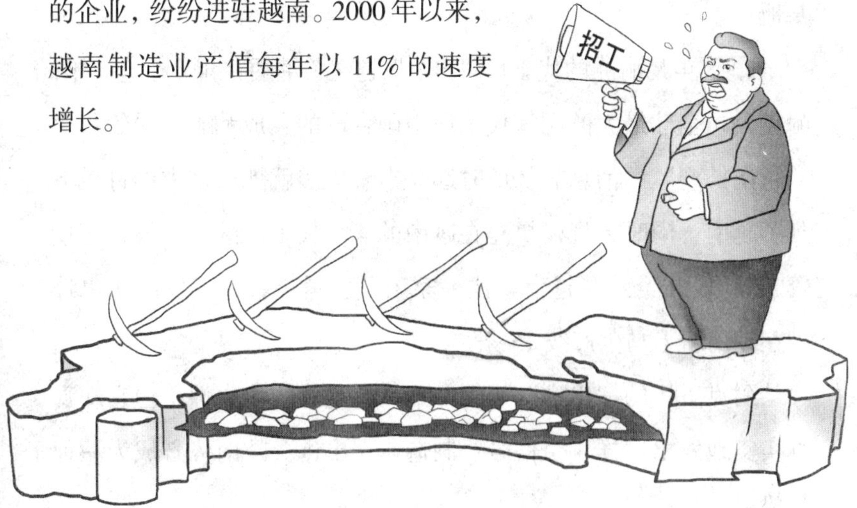

虽然越南的生产成本在不断增加，但相对于中国来说，越南目前仍然具有明显的比较优势，吸引外商前往。2006 年，在政府把最低月薪标准提高了 40% 后，越南制造业的总体成本依然比中国低 35%。而且，为了鼓励外商投资，更鼓励外商集中在工业区和出口加工区内投资，越南政府提供了极具吸引力的优惠政策，如进入经济园区投资的企业，从应纳税之日计起，免征 4 年营业所得税，其后 9 年减半征收，等等。

2001 年，中国生产了耐克 40% 的运动鞋，在各国排名第一，而越南只占到 13% 的份额。但到了 2006 财年，中国的耐克运动鞋产量比重已经下降至 35%，而越南则快速上升至 29%。2009 财年，中国和越南的耐克运动鞋产量比重相等，同样是 36%。直到 2010 财年，越南终于取代中国成为耐克全球最大的运动鞋生产基地。

2005 年是耐克的代工厂“出逃”越南关键的一年。在这一年，耐克公司全球最大的两家代工厂中国台湾的宝成和丰泰纷纷传出“越南扩产”的消息。从那时起，丰泰集团就把许多中国订单下到了越南，同时大规模扩充在越南的 4 个加工厂的生产线，还投资 1600 多万美元在越南新建一家工厂。紧接着，宝成集团也计划在越南新上马生产线 15 条。

耐克工厂的“出逃”尽管并不具有绝对的代表性，但它却真真实实地发出这样一个信号：制造业“出逃”越南势必成为一种趋势。

更重要的是，越南作为东盟成员国之一，制造业产品在东盟地区享有一定的关税优势；从2004年1月1日起，中国—东盟自由贸易区启动，随着中国与东盟各国关税减让的正式实施，中国对东盟各国的关税优于对WTO其他成员国，将更有利于越南企业的商品打入中国市场。

2007年1月11日，越南加入WTO，按照WTO承诺相应的进口关税将会进一步降低。在入世后的5～7年内，削减3800种商品的关税，把平均关税由17.4%降低为13.4%。还有美越双边贸易协议，也为越南产品，提供了广阔的外销市场。这些都吸引了国际资金纷纷流入越南。越南制造业所受到的限制必然会越来越多，这是制造业发展的普遍规律。

不过，制造业向越南转移并非坏事。在成本压力面前，沿海制造业正面临转型升级课题。转型升级并不意味着制造部门在沿海迅速消失，更有可能出现的情况是，在沿海传统的特色产业区域内，制造业朝着有更高附加值、更精品化的层次发展。中国的自然资源本来极其有限，过去30年，资源代价已经太大，如果再那样消耗下去，中国经济就会出现病态。

在越南制造或者印度制造的高速增长面前，中国中西部地区的产业选择不应是沿海地区的翻版，而应根据当地优势作出自己的选择。比如机械制造业、装备制造业，迄今为止也没有成为“中国制造”的真正强项，它们还需要引进大量的技术和人才。与此同时，中西部的资源代价也应该比当年的沿海小一些，才能打破所谓“比较优势”的宿命。

乔丹应该自己剪草坪吗

在经济学上，比较优势的意思是说生产一种物品机会成本较少的生产者在生产这种物品中有比较优势，比较优势主要是用来衡量两个生产者的机会成本。除非两个人有相同的机会成本，否则一个人就会在一种物品上有比较优势，而另一个人将在另一种物品上有比较优势。

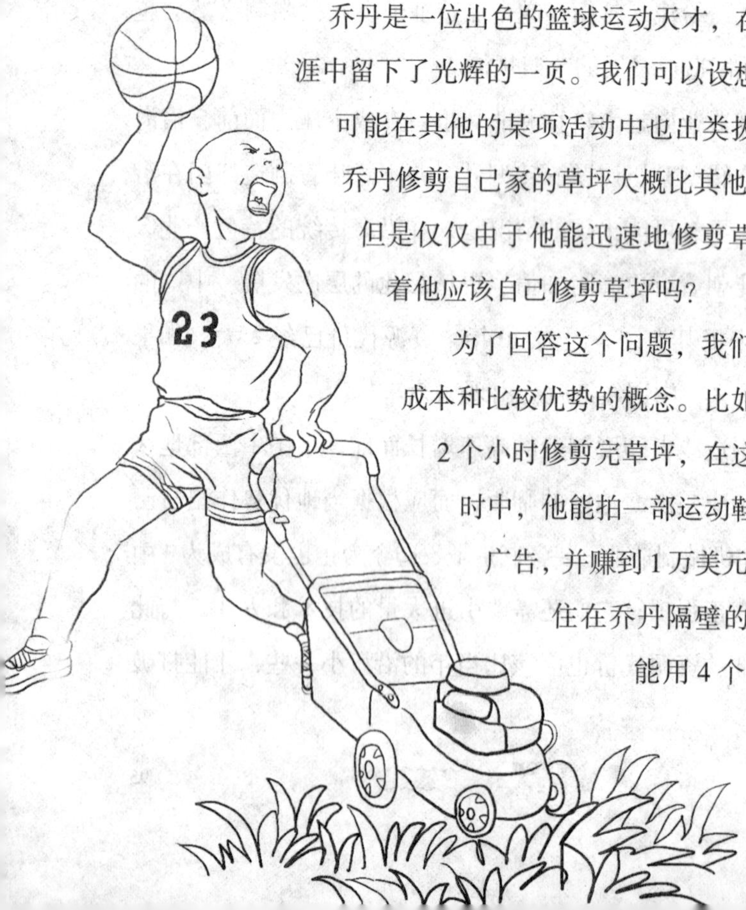

乔丹是一位出色的篮球运动天才，在他的篮球生涯中留下了光辉的一页。我们可以设想，他也很有可能在其他的某项活动中也出类拔萃。例如，乔丹修剪自己家的草坪大概比其他任何人都快。但是仅仅由于他能迅速地修剪草坪，就意味着他应该自己修剪草坪吗？

为了回答这个问题，我们可以用机会成本和比较优势的概念。比如说乔丹能用2个小时修剪完草坪，在这同样的2小时中，他能拍一部运动鞋的电视商业广告，并赚到1万美元。与他相比，住在乔丹隔壁的小姑娘玛丽能用4个小时修剪完乔丹家的草坪。在这同样的 4 个小时中，她可以在快餐店工作并赚 30 美元。

在这个例子中，乔丹修剪草坪的机会成本是 1 万美元，而玛丽的机会成本是 30 美元。乔丹在修剪草坪上有绝对优势，因为他可以用更少的时间干完这件活儿。但玛丽在修剪草坪上有比较优势，因为她的机会成本低。

从绝对优势上来说，乔丹比玛丽更适合修剪草坪。但是从比较优势上来说，玛丽更应该修剪草坪，因为她修剪草坪的机会成本要比乔丹低得多。因此，乔丹去拍商业广告，玛丽修剪草坪是符合经济学的劳动分工。由此，经济学家提出了“比较优势”的概念，即生产一种物品机会成本较少的生产者具有比较优势。除非两人有相同的机会成本，否则任何一个人就会在某一种物品上拥有自己的比较优势。

比较优势原则让人们意识到只要善于并勇于发挥出自己的优势，即使在别的方面有些不尽如人意，同样也能到达成功的彼岸。或许你没有经验，但你擅长学习；你不知职场规矩，但你特别真诚；你不懂人情世故，但你会细细揣摩。只要你发挥自己的特长，并能有效加以利用，就会收获理想的果实。

显然，如果一个人真的擅长某件别人认为很有价值的事，他的情况通常会很不错。这就是为什么像乔丹一样的人赚很多钱的原因。但是通过专注于相对他人来说他（或她）的最小劣势方面，甚至是一个不擅长任何事情的人也可以通过与拥有不同专长的人进行交易而获益。

比较优势是由个人的相对能力决定的，而不是绝对权力。比如老虎·伍兹（Tiger Woods）不是只有能力成为世界上最棒的高尔夫球员，也有能力成为最棒的球童，有关挥杆技巧，你适合哪个俱乐部，怎样击球更好之类的问题，谁能比老虎·伍兹给出的建议更好？但是，老虎·伍兹在打高尔夫方面有比较优势，而不是当球童。他当球童所放弃的价值远比打高尔夫所放弃的价值大，也就是说，他当球童的机会成本比打高尔夫的机会成本大。类似地，用激光测距仪的球童都没有老虎·伍兹在这方面的潜力，但是因为他们作为球童的技巧比他们打高尔夫的技巧好得多，他们当球童的时候牺牲的价值比较小，所以那就是他们的比较优势所在。对他们而言，当球童的机会成本比打高尔夫的机会成本小。

有的医学生，在学校理论学得很好，但手比较笨，所以在临床上就不适合做外科医生。有的理论学得不是很精，但手很灵巧，就可以成为外科的“一把刀”。这就是每个人有不同的比较优势。

一般来讲，一个人刚刚大学毕业，走上工作岗位的时候，容易产生这种思想：我一定要做一项很有意义的工作，或者我很有兴趣的工作。其实根本不用着急。可以先做一些看上去“大材小用”，或者完全事务性的工作。但如果你能在这件工作上做得比别人好一点点，不需要很多，下一次你就有机会去做更大的事。

但如果你什么都不做，站在那儿抱怨：我在其他方面还比他们强呢。那根本没用，这个世界没有人想听这样的话。大家只关注你做事的结果。所以你只要在某一方面，比别人好一点点，你就有成长的机会。

找到了自己的长处，就要懂得发挥长处。2200多年前，物理学家阿基米德对国王说："给我一个支点，我就能撬动地球。"对于人生而言，支点是什么？就是找到自己最重要的才能，充分发挥自己的长处，然后将自己的成功撬起来。

能力是获得天价收入的真实原因

这世上，人们总是为了挣钱煞费苦心。虽然都知道购买彩票中大奖的概率比母鸡下个金蛋还低，可是君不见，彩票售卖站在计算中奖号码人的表情多么虔诚。看到别人东奔西跑赚钱赚得腰包鼓鼓，就不管三七二十一地跟去，结果碰得头破血流的人不知有多少！即使职位相同，超级明星们能赚到天文数字的钱，但也有些不知名的艺人过得连普通人都不如。

这世上到底有多少人为钱笑？又有多少人为钱哭？钱少了，可能会"百事哀"起来；钱多了，也容易陷入各种各样的诱惑当中。总之，这世上没有任何一件东西像钱那样会如此令人欢喜令人忧。

超级明星们天文数字般的收入用经济学该如何说明呢？

一部分人认为这是媒体在利益的驱使之下制造出来的不健康的商业现象。但是，仅凭这一点能够解释清楚所有的事例吗？这也是某种经济现象，所以理应有一种妥当的说明。一个人收入多少，跟一个人的能力、资质、努力、市场条件等有关，所以，个人之间存在着收入差异，这是理所当然的事情。我们首先应该承认超级明星有着较佳的资质和较强的能力。

人的一生能否成就一项大事业，说得俗点能否有高收入，取决于他对社会的贡献。市场经济是按贡献分配的。贡献的大小取决于能力、努力程度和机遇。人的能力有先天的和后天的。先天的来自遗传，这是在人出生前就决定了，无法改变。爱因斯坦说过，“成功是1%的天才加99%的勤奋”。不过引用这句话的人往往有意无意地忽略了后面的一句话，“成功的关键还是那1%的天才”。应该承认，人的先天才能对人的高收入的获得有至关重要的影响。

只有能力强的人才能进入世界一流大学。进入耶鲁、斯瓦茨莫尔（一所有名的私立学院）、宾州这类名牌大学的毕业生年均收入为9万美元。进入宾州州立、丹尼逊、图伦这类一般大学的毕业生年均收入为2万美元。收入差距在4倍以上，不可谓不大。能力与收入之间的强烈正相关关系似乎是理所当然的。

但是，只用“能力强”这一点就足以说明超级明星天文数字收入的理由吗？那么，在无数的运动员中，超级明星与普通选手收入相差数千倍乃至数万倍的原因到底是什么呢？光凭能力，收入是不可能有如此大的差距的。1994 年前，职业体育给运动员带来远胜于体工队的那一点点死工资的丰厚收入。

1994 年时，李明那每个月区区 150 元工资，就是他从体工队能够获得的收入，也代表了同时期其他项目运动员基本的收入水平。随后几年里，随着市场的开发，社会关注度的逐渐提高，球员工资发生的翻天覆地的变化，相信绝大多数的人都记忆犹新。在球员收入的最高峰时期，球队一般主力都能达到 7 位数的年薪，而所谓大牌，则再高出一倍不止。

球员收入如此快速的增长，几乎超出了人们心理可以承受的范围，球员的高收入成为职业足球中最为社会所诟病的问题，也成为砸职业足球的人眼中永远不会偏离的靶子。

即使是同属球员这一职业，李明和明星球员之间也存在某种程度上的收入差异。比如，有能力、经验丰富的技师比普通技师要挣得多，手腕高明一点的销售员比资历平平的销售员相对来说也挣得多。此外，教授、医生、企业家或电脑软件的从业人员随着能力的不同及市场条件的不同，收入自然也有所不同。但是，像体育界或演艺界那样，从业个体的收入如此悬殊的情况是极其少有的。

这是由于在超级明星活动的世界里，有着其他市场不能比拟的优势。

第一，在该市场里，所有“最高”的服务能同时提供给所有的消费者。

第二，这种“最高”的服务能廉价地提供给消费者。文化界和体育界同时具备这两种市场特性。电视、录像、互联网、报纸等多种媒体将超级明星们的信息随时、随地、廉价地同时提供给各个消费者，同时满足这些消费者的意愿；与此不同的是，不管木匠或技师的手艺如何好，也不可能同时向所有人提供服务，更不能用低廉的复制品服务。

由此，在类似于木匠的世界里，无论有多么伟大的“明星”，但因为能服务的范围受限，所以不能诞生出“超级明星”来。即便所有人都希望获得他的服务，他也没能力同时提供。

找准比较优势，才能找到适合的工作

随着社会的进步，随着生活的步伐加快，个人所面临的职业更替的速度会更快。或者你被炒鱿鱼，或者你炒老板的鱿鱼。每个人在一生中少不了要面临几次找工作的过程。但有一个更基本的问题就是你擅长做什么，这是一个比找工作更重要的问题。

每年从学校走出来的社会新鲜人除了“新鲜”之外，最让人欣赏之处是，他们有很多的梦想、他们有很多想做的事情。“最擅长做什么”这个问题至少与梦想一样重要，因为它是实现梦想的介质。但悖论就在于，有些人从来不问这个问题，他们经常想尽各种办法弥补自己不擅长的部分，却不曾想，在拼命弥补自己的不足的时候，已经在竞争中处于不利地位。

亚当·斯密在《国富论》当中说，“两利相权取其重，两害相较取其轻”。这里的优、劣、轻、重是与机会成本紧密联系在一起的。因此，我们在运用比较优势理论指导工作职位的选择时，应同时结合运用机会成本理论。只有在自己擅长的地方稳扎稳打，才能找到适合自己的工作。

作为招聘单位，首先想要知道的是你干过些什么，有什么经验，有哪些成就。教学科研单位或生物医药公司的研发部门，往往要看应聘者发表过多少的论文，发表在什么杂志上；具有什么技能，有多少年的经验，干过什么相关的工作。接下来要推敲这个人是否具有能力。首先是对专业知识的掌握，及对专业有多少深刻的认识；然后要看这个人有多少技能。

针对不同岗位的不同需求，在找工作时你需要首先把自己的特色优势有针对性地展示出来。只有当公司看到你比别人在某项工作或者岗位中更有优势，能为企业带来更大的人力资本价值时，才会对你青睐有加。对于即将走出校园的学生来说，要解决自己的就业难题，需要从自己的专业优势和兴趣爱好两方面综合考虑，有针对性地寻找工作职位。

校园招聘中，宣讲会打着各种各样的名号进入校园。复旦大学世界经贸专业的某学生说，太忙了，每天都有一场或二场宣讲会要听，就业压力大，谁也不愿意放弃任何机会。可听多了，也发现问题了：自己什么都想干，

又似乎什么都能干，究竟干什么比较好呢？

社会新鲜人在求职时，最大的问题就是弄不清自己的兴趣和人生目标，而学校里也没有教会学生如何选择适合自己的工作，结果让学生学非所用，产生很大的挫折感。由此造成理想与现实间巨大的落差，造成了新鲜人工作的不稳定，以致很多新鲜人的第一份工作通常只能维持半年到一年时间。更有极端的例子，有的求职者大学里读的是平面设计，工作不足 3 个月就跳槽去做食品销售，因为业绩不好又连着跳了好几家公司，如今又想去学营养师，他觉得营养师会有较好的前途。他说他已经不知道自己该如何是好了。

毕业生应该知道，“就业难”并非针对所有专业学生，不同专业、不同学校、不同性别、不同成绩的学生，在市场上的“响应度”是完全不同的。于是，了解本专业的市场供需状况，然后及时调整自己的就业观念，才是上策。比如，外地籍毕业生大多愿意低起步，按照“先就业、后择业、再创业”的思路找工作，正是这种符合就业大趋势的择业观和价值取向，使他们能够更容易抢到“饭碗”。

对于文科类毕业生来说，在争取外资、国企、政府机关类工作的同时，不妨结合自己的兴趣和特长，给自己确定一个职业目标，如市场、营销、人力资源管理或是文字工作者、翻译等。这样不至于盲目撒简历，增加求职成本。同时，文科学生也应该调整好心理，首份工作薪酬高低并不代表什么，长远发展才是硬道理。

对于理学、工学类毕业生来说，不要把砝码全部加在外资合资企业上，也不要完全追求高薪名企，民营企业也能提供一个不错的职业平台，技术类工作本来就是越老越吃香，要学会厚积而薄发。

人与人虽然没有优劣之分，但却有很大不同。有位教授说了一个观点：一个人不需要每件事都做得好。其实只要一件事做得好，你就有下一次机会。把不擅长的发展成为擅长的，就是你的比较优势。

第二节

自由贸易——汇率带来的免费啤酒

汇率送上的免费啤酒

国际间的贸易不总是物和物之间的直接交换。而是需要把钱换成国际通用货币，如世界范围内的美元和欧洲的欧元，再进行商品买卖。国家和国家之间，不同地区间使用的钱币并不一样，外观不同、币值不同。在贸易当中，需要提到一个关键词汇，这就是“汇率”。故事发生在美国和墨西哥边界的小镇上。一个游客在墨西哥一边的小镇上，用 10 美分买了一杯啤酒，他付了 1 比索，找回 90 美分。之后，他到美国一边的小镇上，发现美元和比索的汇率是 1 美元：0.9 比索。

他把剩下的 90 分换了 1 美元，用 10 美分买了一杯啤酒，找回 90 美分。又回到墨西哥的小镇上，他发现比索和美元的汇率是 1 比索：0.9 美元。于是，他把 90 美分换为 1 比索，又买啤酒喝，这样在两个小镇上喝来喝去，总是有 1 美元或 1 比索。这样，他总是能喝到免费啤酒。

这位游客能在两国不断地喝到免费啤酒，在于这两国的汇率不同。在美国，美元与比索的汇率是1 ∶ 0.9，但在墨西哥，美元和比索的汇率约为1 ∶ 1.1。在墨西哥，比索与美元的汇率是1 ∶ 0.9，但在美国，比索与美元的汇率约为1 ∶ 1.1。这位游客正是靠这两国汇率的差异，进行套利活动，喝到了免费啤酒。免费啤酒是指喝酒的人没花钱，但酒店还是得到钱的。谁付了钱呢？如果美国的汇率正确，墨西哥低估了比索的价值，啤酒钱是由墨西哥出的。如果墨西哥的汇率正确，美国低估了美元的价值，啤酒钱是由美国出的。如果两国的汇率都不正确，则钱由双方共同支付。

汇率是一国货币兑换另一国货币的比率。由于世界各国货币的名称不同，币值不一，所以一国货币对其他国家的货币要规定

一个兑换率，即汇率。

各国货币之所以可以进行对比，能够形成相互之间的比价关系，原因在于它们都代表着一定的价值量，这是汇率的决定基础。在金本位制度下，黄金为本位货币。两个实行金本位制度的国家的货币单位可以根据它们各自的含金量多少来确定它们之间的比价，即汇率。如在实行金币本位制度时，比如英国规定 1 英镑的重量为 123.27447 格令，成色为 22 开金，即含金量 113.0016 格令纯金；美国规定 1 美元的重量为 25.8 格令，成色为千分之九百，即含金量 23.22 格令纯金。根据两种货币的含金量对比，1 英镑等于 4.8665 美元，汇率就以此为基础上下波动。

在纸币制度下，各国发行纸币作为金属货币的代表，并且参照过去的做法，以法令规定纸币的含金量，称为金平价，金平价的对比是两国汇率的决定基础。但是纸币不能兑换成黄金，因此，纸币的法定含金量往往形同虚设。所以在实行官方汇率的国家，由国家货币当局规定汇率，一切外汇交易都必须按照这一汇率进行。在实行市场汇率的国家，汇率随外汇市场上货币的供求关系变化而变化。

汇率对贸易经济的影响当然不止这一点。在开放经济中，国际间物品和资本的流动把各国经济紧紧联系在一起。汇率的变动对一国宏观经济运行有重要影响。一国汇率的贬值，可以降低本国出口产品在国际市场上的相对价格，从而增强竞争力，增加出口。出口是一国总需求的重要组成部分，增加出口可以增加总需求，刺激经济。

随着经济全球化的发展，世界各国之间的贸易往来越来越紧密，而汇率作为各国之间联系的重要桥梁，发挥着重要作用。

2010年6月19日，中国人民银行宣布在2005年汇改的基础上进一步推进人民币汇率形成机制改革，增强人民币汇率弹性。

尽管如此，2010年7月，美国最大的工会组织“美国产业组织劳工联盟”仍然提出，中国政府操纵人民币汇率并使其低估40%，因此敦促国会通过立法，要求打击中国汇率政策。9月29日，美国众议院以34879的投票结果通过《汇率改革促进公平贸易法案》，旨在对所谓低估本币汇率的国家征收特别关税。

中美汇率之争，一直是两国经济政策交锋的重点领域。汇率问题，可能是一个货币金融问题，也可能是一个贸易问题。从金融危机之后的经济形势来看，美元汇率正处于一个进退两难的境地：如果美元汇率选择长期贬值，则有可能改善贸易失衡问题，但同时更有可能削弱美元的地位，导致货币金融上的问题；反之，如果美元汇率选择长期升值，则可以强化美元地位，但其贸易失衡问题将更为恶化。

如果汇率影响到了贸易，那么应该从多方面的角度来衡量。现在，中国和美国之间的贸易只占中国对外整个贸易的百分之十几，如果谈到汇率问题，那要考虑其他的国家的利益。就中美贸易来讲，美国现在一些经济学家指责中国主要是因为中国对美国贸易存在着巨大的顺差，其实这不是真相。

以 1 美元兑换人民币 6.7 元计算。一个美国人拥有 8000 美元，这在美国是比较平常的事情。但是，这个美国人拿着这 8000 美元到中国来兑换成人民币就是 50000 元人民币。而在中国物价极低而美国物价极高的条件下，用 50000 元人民币在中国购买的实物比 8000 美元在美国所能购买的实物的价值不知要超出多少倍。这也就是说，这个美国人拿着这 8000 美元到中国来，用不着生产，用不着劳动，用不着冒任何投资的风险，用这 8000 美元就实现了成倍的资本增值，在贸易中获得了成倍的资本利润。

在香榭丽舍大道扫货的中国人

中国人正成为继日本人、韩国人之后新崛起的海外市场豪客，这种现象的产生基于中国人收入水平的上升、出境旅游更加便利、人民币升值，还有进口商品在中国大陆高于海外 20% ~ 50% 的价格，甚至也有人探讨了亚洲人追逐名牌的特殊心理。在巴黎最著名的香榭丽舍大街上，精品店林立，经年累月，顾客川流不息，一些国内价格高昂的欧洲著名品牌往往成为扫货者们的首选目标，例如路易·威登（LV）。LV 店的门口排着长队，顾客要分批入内。排队的人，一望而知，大部分是亚洲游客。

据统计，巴黎老佛爷百货公司 55% 的营业额来自游客特别是亚洲游客的消费，巴黎春天百货公司的营业额 40% 来自游客，游

客中超过 1/3 来自中国。为什么中国的有钱人都愿意到外国扫货，同样是花钱，在国内花不是更加方便吗？对于去海外扫货的中国人来说，价格差是最大的吸引力。说到巴黎，很多人会用一个字形容——贵。似乎这个时尚之都遍地黄金，处处都离不开高消费，尤其是这里的服装。其实巴黎的服装并没有想象中的那样贵。外国的名牌产品在国内销售，加上关税价格要贵得多。

一样的商品，不一样的价格，小到鞋帽、服装、烟酒化妆品，大到科技产品、奢侈品。出国旅游得买点儿，留学回国得带点儿，受亲戚朋友所托得捎点儿，不是因为物质匮乏，不是因为奇货可居，而是因为那诱人的价格。

不少“追奢族”表示，如果售价相近，他们肯定会选择在家门口购物。对于普遍高出境外 40%~50% 的国内定价，“能不能降税”的呼声颇为盛行。奢侈品集团旗下的产品在整个欧洲的“裸价”都是差不多的，而境内的“裸价”和中国香港的也差不多，内地之所以卖得贵，就是因为汇率差和各种税费太高。面对一个春节竟将72亿美元奢侈品消费“肥水外流”、2011年中国人在境外消费是境内市场的4倍之多等现状，许多评论也将消费严重外移现象的始作俑者指责为境内奢侈品税费过高。比如说，在国外的商场买了一件“哥伦比亚”牌子的羽绒服，上面明确标着“Made in China（中国制造）”。当时卖的价格是69美元，相当于人民币400多块钱。如果你去北京的王府井商场买，恐怕要卖一千多块钱，是外国售价的两倍还要高。

巴宝莉牛角扣大衣在美国纽约的伍德伯里购物中心的价格是795美元，加上税折合人民币也就5000多元，国内则要近1万块钱。又比如Northface羽绒服，在国内要几千元人民币，但在这里100多美元就拿下。Northface在中国属于高端户外品牌，很少打折，即使打，折扣也小，但在美国则属于平价大众品牌。刚才的衣服是一个例子，另外就是IT产品，假如一款同样的Thinkpad笔记本电脑，在中国要卖一万块钱的话，在美国最多6000块钱，或者7000块钱就可以买下来。

目前的商品国内外价差已在事实上形成了一种价格双轨制。只要高额差价存在，出境购物狂潮就一天不会消退，国人出境游就永远异化为购物游。

增加美国大片进口，切走了谁的蛋糕

2012 年 2 月 18 日，中美双方就解决 WTO 电影相关问题的谅解备忘录达成协议。

协议具体内容主要包括：其一，在 20 部分账大片的基础上增加 50% 的配额，有媒体更详细指出是 14 部，主要是 IMAX、3D 这样的“加强型”大片。2011 年中国电影总票房为 131.15 亿元人民币，20 余部美国分账大片就达到 49.1 亿元，占 37%，星美传媒集团负责人覃宏、国内制片人关雅获认为，短时间内美国大片增加将挤压国产片票房，国产电影制作将受冲击。

其二，美国大片在华票房分账比例将从 13% 提高到 25%，比如《变形金刚 3》在中国取得 10 亿元人民币票房，按照新的分账比例美方的收益将从 1.3 亿提高到 2.5 亿元。接近好莱坞公司驻华机构的人士称，此举将刺激美国片商加强在中国的宣传力度，从而让美国大片得到更多票房。增加美国进口大片，最高兴的莫过于国内观众，以前想看因有进口数额限制而看不到那么多，只好花高价钱看没滋没味的国产片。现在好了，可以不受没滋没味的国产片的折磨，花差不多的价钱可以看精彩纷呈、富有视觉冲击力的美国大片。

同时，国内影院也能获得可观的票房收入。我国从 2009 年一直面临着 WTO 协议的重大压力，WTO 称我国一直限制对外国电影的进口量已经违反了国际贸易协定。这次，中美双方达成的

“中美电影协议”，对美国电影产业，也具有里程碑意义。可见，增加美国进口大片，是一举多赢，值得期待。

当然，也有人不高兴了，那就是国产片及一些国内影视公司。增加美国大片进口，显然切走了它们很大一块蛋糕。过去，它们靠限制进口片的保护，过着衣食无忧的好日子。美国进口大片增加对它们的生存无疑是一个冲击。本次将美方的分账比例从13%提高到25%，就意味着“利润摊薄”，使得国内院线的发行商在单部影片上的利润减少。国产片制作业疾呼：“狼”来了！

中国电影市场对外开放，毁掉的是那些靠侥幸、靠明星阵容、靠吃老本、靠黑手操作市场取得某种成功的电影制作者。对提高

中国电影的整体制作水准，对遵守电影规律的制作者是一件好事。好莱坞大片之所以受欢迎，是因为它是贴近大众娱乐消费需要的精神消费品，同时，又遵从了艺术创作的规律。这恰恰是国产片制作严重欠缺的，值得反思。增加美国进口大片，国产片制作有更多借鉴学习的机会。长期以来，国产片制作粗制滥造，以至于不少人宁可在家看电视剧也不涉足影院。看电影在一些人的记忆里是十几年前的事。

经过近 20 年的商业化实践，中国电影产业实现了飞速发展，其中进口大片的作用不可忽视。与此同时，中国影片自身的活力不断增加，一些国产小成本影片的表现也令人欣喜。靠限制进口影片的保护，国产片永远长不大，永远不会有出息。

实践证明，进口片的刺激对我国电影的长远发展有利。从前，我们用狼和羊比喻大片和中国电影市场的关系。如今，我国的国产电影已经具备了一定的实力，增加配额以进一步刺激市场水到渠成。

进口配额限制，客观上给国产电影以休养生息的机会，给它重整旗鼓的时间。至于这个制度何时画上句号，谁心里也没底。现在中美达成的协议，仅仅是允许一年多进口 30 余部美国大片，以后如果互联网发达了，或者美国电影为占领中国市场，通过互联网免费允许我们观看，纵使我们的海关大门守护得再严，美国大片的抢滩依然具有很强的攻势。果真出现那一天，敢问我们的国产电影还能在政策保护的怀抱里待得下去吗？

明知被动的防守永远只能处于被动的态势，不如狠下心来背水一战，用自己的智慧和汗水打造经典影片。

有人说，中国的电影审查制度造成了国产电影今天的劣势。审查制度的流弊，谁也不能否认。但怨天尤人，于事无补。再说，说到爱情影片，审查部门难道也会逼着编剧和导演必须用什么方式和语言来叙事？我们的言情片，其艺术水准，是否有所提高？如果没有，单纯抱怨体制的弊端，未免过于简单了。

从长远来讲竞争不可怕，以前国产片是“温室里的花朵”，受到很多年的保护，现在花朵要放到狂风中，这要促使大家在竞争中成长。电影贸易的争端从来不是“零和游戏”，对美国的好处不一定对中国是坏处，以后中国观众能看到更多好的电影，电影院的收益也能增加。

调整配额后，市场上高水平的电影有所增加，观众受益最大。对国内观众来说，票价的高低更多取决于影片放映幕数的多少，因此是否变化还有待观察，但存在一定下浮的空间。

目前中国电影产业的整体规模仍然很小，处于缺少行业规范的无序竞争和“急功近利”阶段，引入新的竞争者将对挤出市场泡沫、加速行业整合起到积极作用。

开阔视野，从民族企业上升到全球公司

如今在全球一体化的经济背景下，跨国生产经营已经成为一种新的经营战略和资源配置模式。生产经营的跨国化是生产领域中最显著的国际现象，也是国际经济关系向紧密方向发展得更深刻的表现。跨国公司在全球范围组织生产过程，民族、国家的市场障碍不断被跨国公司的全球战略所冲破。2010 年 3 月 28 日晚 9 点，吉利正式与美国福特汽车公司达成协议，以 18 亿美元收购福特旗下的沃尔沃轿车，获得沃尔沃轿车公司 100% 的股权以及相关资产（包括知识产权）。专家指出，正处于往高端汽车转型时期的吉利抓住金融危机的机遇，成功收购沃尔沃，这是中国民营汽车企业走向国际化道路上取得成功的标志性事件，而浙江吉利控股集团董事长李书福成为了人们眼中最幸福的中国人。

吉利收购沃尔沃是国内汽车企业首次完全收购一家具有近百年历史的全球性著名汽车品牌，并首次实现了一家中国企业对一家外国企业的全股权收购、全品牌收购和全体系收购。吉利汽车此次被业界人士称为“蛇吞象”的收购行动并非一蹴而就，在其背后体现的就是中国的民族企业上升到全球公司的艰难。早在 2002 年，李书福就动了收购沃尔沃的念头，对其研究已有 8 年多，首次正式跟福特进行沟通也距今将近 3 年。在李书福看来，吉利对沃尔沃及汽车行业的理解，以及对于福特的理解等，都是福特选择吉利作为沃尔沃新东家非常重要的元素。

国内整车制造企业去收购境外整车制造企业，吉利虽然不是第一例，但影响却很大。在李明光看来，中国巨大的市场份额也是吸引沃尔沃的主要因素之一。这起并购案对中国制造业振兴会起到示范带动作用。中国的民族企业已经具有开展跨国经营的视野和能力，我们不能忽视民营企业在“走出去”当中的地位和作用。

事实上，成为全球化企业是企业自身无法抗拒的选择，而且成为全球性企业和振兴民族经济之间并不存在因果联系，相反随着企业逐渐成长为全球性企业，它和母国的联系倒是会逐渐淡化。它们的生产基地会转移到海外，它们的研发中心会转移到海外，它们的总部会转移到海外，它们的税收会转移到海外，它们所提供的就业岗位也会逐渐转移到海外。

跨国公司和民族经济之间，始终存在着这种相互抵触、难分难解的复杂关系。随着经济全球化的进一步深化，外部的冲击会影响到本国的社会经济稳定，在这种情况下，国家本来要增加税收以补偿那些在对外开放中受损的社会成员，但是，一个主要的税收来源即跨国公司的利润却被悄然转移走了。

全球化给了各国企业更好的展示舞台，再加上政府政策的扶植，现在中国的民族企业面临的问题已经不仅仅是如何走出去，而是如何才能走得漂亮，真正使自己的步伐越迈越大。2003 年底，张瑞敏在接受采访时曾忧心忡忡地谈到如果海尔没有办法做到全球性企业就只能在市场竞争中输给跨国公司。最让他担心的不是那些具有高科技的公司，也不是那些老牌的制造企业而是一个能够把触手伸到世界上每个角落的销售企业：沃尔玛。

怎么也想不到，沃尔玛通过全球卫星系统，可以将每个地方、每个人、每种产品的交易情况在每一个时刻汇总分析出来。创建于 1962 年的沃尔玛只能算是一匹黑马，但是它已经超过了像美孚和通用这样的企业帝国。而且它真正做到了富可敌国，如果把 2002 年国家 GDP 和公司总收入排名，沃尔玛能够排在中国和印度之后列全球第七位。当跨国公司来到中国的门口时中国企业感到最紧张的是跨国公司所拥有的先进技术和雄厚资金。但是，中国的企业很快就发现跨国公司表面上最厉害的地方其实并不可怕。尽管中国的企业技术水平，尤其是在核心技术方面的确落后于国外的企业但是赶超的速度却非常之快。中国的企业从模仿和复制起家借助成本优势能够迅速地逼近技术的前沿地带，这已经成为世界产业调整的新规律。

什么是中国企业的最大优势？中国企业的优势在于其所背靠的巨大的国内市场。中国的企业从制造起家但是常常奇兵胜出。比如，2001 年浙江一家不出名的民营企业华立在美国成功收购菲利浦的 CDMA 核心技术部门，似乎就已经显示出制造企业和技术研发企业在竞争中的优势。

再先进的技术离开了市场就像希腊神话中的巨人离开大地，顿时失去力量。中国的企业面对的是一个扩张速度极快、地区差异巨大、配套条件较差的市场环境，在这种环境下更加能够磨砺出企业的生存技能。这时候，是否具备系统设计和整合能力成为制胜的关键，只有具备系统整合能力的企业才能不仅仅专注于单一的核心产品，而可以进行系统业务多元化从而更加具备综合竞争实力。

跨国公司在华经营的成功案例给正在走向国际化的中国企业提供了丰富的经验和教训。中国企业到海外经营，必须熟悉了解当地的人文环境、风土人情、政策法规和市场规则，做好可行性调研报告。中国企业到国外必须与政府做好协调，因为经济合作扩张永远离不了政治。中国企业到国外一定要能提供给国外市场奇缺商品，为当地消费者生产物美价廉的品牌产品。中国企业在海外经营时还要特别注意与当地经理、员工建立良好关系，发展一套符合当地法规法律和员工心理追求的企业文化和人力资源政策。

第三节

要素整合——天衣无缝的搭档

无花果树没结果，砍了吧

一个人在葡萄园里种了一棵无花果树。到了果子成熟的季节，他来到树下摘果子，却找不着一个果子，就对管理果园的人说："我在这儿3年，从未尝到这无花果树的一个果子，把它砍了吧。何必白占土地呢？"管理果园的人说："主人啊，今年且留着，等我把它周围掘开土，加上肥料，明年若结果子便留下，不然再把它砍了也不迟。"管理企业与管理葡萄园在本质上并无两样。企业要是没有赢利的话，就会成为社会的负担，面临被整合的风险，甚至不幸成为"被砍掉"的对象。

结构不合理是长期困扰我国经济发展的难题，也是制约企业可持续发展的主要症结。这次国际金融危机带来的外需急剧萎缩、大宗商品价格跌宕起伏，以及国有企业普遍存在的投资项目多、涉及领域广、布局分散、产业结构趋同、大而不强以及资源配置不尽合理的弊端恰恰又被进一步放大，结构不合理的难题进一步凸显，调整的任务更加紧迫。

为了在激烈的市场竞争中求生存，减少一部分组织或增加一部分组织都应是顺其自然的事，扩大、缩减生产规模或投资也属结构调整的范畴。为了应对以后可能到来的经济停滞，企业有必要将结构调整日常化；在经济全球化日益明显的今天，所有的外部因素都会影响到国民经济，所以市场的不确定性更加突出。

要素资源整合能力是投资控股公司核心竞争力的直接体现，一个企业能够从多大的范围、多高的层次、多强的密度去组织资源，直接决定了企业的价值创造能力和发展边界。

要素资源整合是企业通过组织和协调，把内部彼此相关但却彼此分离的职能，把企业外部既参与共同的经济活动又拥有独立经济利益的关联方整合成一个完整的价值系统。资源整合的目的是实现企业资源的优化配置，取得1+1＞2的效果。整合企业内外部资源可以创造新的市场竞争力和企业能力，这一能力是企业参与竞争、实现可持续发展

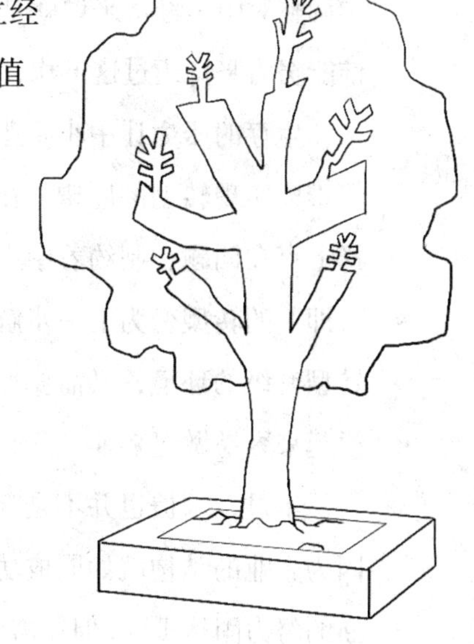

最重要的能力。在经济危机时期，资源整合更是在“狂风暴雨”中为企业“保驾护航”的坚实利器。

为了在风云变幻的市场环境中获得竞争力，企业有必要对生产、雇用、投资等各项企业战略进行再调整，结构调整的目标就是提升企业竞争力。企业结构调整是在科学的发展战略引导下的调整。调结构就是布局，为下一轮增长布好局、占到位，就是不断提高增长的质量和效益。

企业是构成国家经济的细胞，宏观层面产业结构调整的最终落脚点是要依靠微观层面企业的结构调整来实现的。在国家调结构政策主线下，企业顺应趋势，把握新兴产业的投资机会，优化资源配置，实现自身良性循环和跨越发展已迫在眉睫。战略性结构调整对中国经济来说就是一场“蝶变”，对企业而言同样如此，谁能努力坚持迈过这道坎，谁就能在转型中“破茧成蝶”。

生存的压力让中小企业看到必须转型，但面临的困难又令它们难以实现转型的愿望。在资金、人才、规模、行业等方面的选择上存在问题，制约着中小企业的转型之路，把这种“可望而不可即”的转型变为下一步解决企业生存发展的实践，既需要提升转型升级的环境，又需要加强转型升级的引导。想要整合成功，说起来容易做起来难。

不过，求援也并不是都能成功，也可能只是“胎死腹中”。因为企业的结构就如同成功与失败共存的马戏表演。企业自己不断的努力固然重要，但还需要有人在外部给企业“掘开土，施上肥”

才行。在适合的市场条件和企业自身的努力、政府的政策支援等各种复合要素的共同作用之下，企业的结构调整才有可能成功。因此，企业的结构调整就如同由众多乐师齐心协力演奏的交响乐，无论企业如何努力，如果市场不给予协助，单凭企业自身，是不会成功的。

一看到无花果树没结果，就立马将无花果树处以极刑，这种悲剧但愿不要发生在经济世界里，再等等看，也许会有好结果。

大鱼吃小鱼，市场兼并无处不在

企业要变得强大就需要通过一系列的公司兼并收购计划，使自己更加壮大。企业的生产要素并不是一成不变，在兼并过程中，无论对于兼并企业还是兼并的目标企业来说，兼并都是使生产要素内容更加多元，在资本市场创造更大价值的有效途径。

企业的组织要素大致分为：管理能力、技术水平和投入资金资本。企业价值创造来源于生产要素进行有效整合后的生产、销售等过程的实现。而资金资本并没有专属性，作为一般等价物，可以进入任何行业，这使得不相关混合兼并也成为可能。但在兼并中，管理能力与技术水平则在相当大的程度上具有一定的行业专属性，兼并公司除了资金外，还向目标公司投入其他生产要素。

管理能力和技术水平的行业专属性来源于企业发展过程中的日积月累，与企业发展形成的各项资产包括无形资产形成了紧密的联系，也是企业特殊的团队组合和企业精神共同作用的结果。这种专属的能力与水平在企业发展过程中起到了巨大的作用。但如果脱离了其由于历史原因造就的特定的企业环境，其价值就难以凸现出来。这种专属性的局限限制了拥有这些能力与技术的人才向外的发展空间，因为他们只有在原有的或类似的工作氛围下其自身的价值才能得以最大地体现。

而当一个企业成为行业的龙头企业时，长期的积累使得管理能力与技术水平过剩，这就决定了这些企业有向外扩张的动因与可向外转移的生产要素的基础条件，而专属能力与技术的转移的局限性要求企业首先考虑的是兼并。2004 年 12 月 8 日，联想集团正式宣布收购 IBMPC 事业部，收购范围为 IBM 全球的台式电脑和笔记本电脑的全部业务。联想获得 IBM 在个人电脑领域的全部知识产权，遍布全球 160 多个国家的销售网络、一万名员工，以及在为期五年内使用“IBM”和“Think”品牌的权利。新联想总部设在美国纽约，在北京和罗利（位于美国北卡罗来纳州）设立主要运营中心。交易后，新联想以中国为主要生产基地。

那些成为兼并目标的公司在一定程度上拥有一定的生产要素，但可能由于资源的配置不合理或者还缺乏某些“内核”的东西如企业文化、有效的企业管理等因素而导致效益欠佳。企业通过接受其他企业的兼并，通过学习借鉴管理能力，获得更多的技术、资金支持等，以弥补自己在资源配置上的缺失。

一般来说，兼并公司总是在积累了一定的核心优势后才可能

进行企业兼并行为的。不管公司的管理层如何考虑，公司所有者更关注的应该是投资回报率的高低。一旦兼并公司发出兼并的信息，目标公司也确实会予以充分的考虑。如果可以有效地将兼并公司的专属能力与技术转移到目标公司，达到企业整体效益的提高，这与投资者追求高收益的偏好是一致的，这时，目标公司也会做出积极响应。

以联想兼并 IBMPC 事业部为例，IBM 必定是存在一定的要素优势，才值得联想掏腰包、花银子的。而事实确实如此，我们看到，IBM 业务是在全世界范围内的，而联想以前的业务主要集中在国内；IBM 最好的产品是高端笔记本，而联想是台式机；IBM 服务的多为高端客户，而联想拥有广大的中端和低端客户；IBM 在技术研发方面具有雄厚的实力，在 PC 上积累了大量相关知识产权、技术支持和良好的商誉，而联想具有大规模生产、制造管理能力，其成本控制管理比较好；联想在国内是以渠道见长，在国内市场上拥有客户和完善的市场销售体系，而 IBM 在国际市场上具有极强的 PC 销售网络。

兼并保证了这些专属能力与技术的转移是在相关的领域中进行的，通过合理配置生产要素，专属能力和技术的价值得以更好地实现的可能性就高得多。由于经营规模的扩大，兼并的效应还可能会因为财务协同效应和进一步的分工促进生产效率的提高，引起公司的生产要素的边际收益率上升。根据麦肯锡公司对进行并购的一些公司的新增价值的来源分析发现，在新增价值中，有 60% 是因为运营的改善，另外的收益增加主要有财务杠杆 5%，市场外产业收益占 11%，来自市场的正常收益为 24%。通过生产要素的重新组合产生的收益增加构成了新增收益的主要来源。核心竞争力是兼并的基础，兼并本身并不产生效益，但能够在兼并中增强自身核心竞争力，进而为兼并企业创造价值。兼并活动价值的创造来源于生产要素的边际效率的提高。作为兼并公司，当其各种市场要素出现剩余，只有将这些生产要素有效地转移到目标公司，最终促使这些生产要素的边际收益率提高才能产生价值的增长。

虽然这些生产要素在兼并公司属于过剩资源，但对目标公司却是稀缺资源，在目标公司可以发挥更大的作用。但仅仅这些还不够，因为这不能解释目标公司自身引进这些紧缺的生产要素后依然效率低下的原因。合理的解释是兼并行为在向目标公司投入生产要素的同时，还引入了一些“内在”的东西，如市场网络、企业文化，等等，而这些都是基于兼并公司已经建立的核心竞争力。近年来，我国企业界的兼并活动越来越多。

国际要素整合，要效率也要公平

在 18 世纪，托马斯·马尔萨斯很悲观地地预测了人类的未来，因为他相信，随着整个社会变得更加富裕，人口的增长——有更多孩子，会使这些收获不断被消耗。这些额外的嘴巴会狼吞虎咽般地吃掉剩余的食品。按照他的观点，人类注定要生活在维持生计的边缘。在经济发展期，人们不计后果地生儿育女，然后在困难时期挨饿。曾经获得 1999 年诺贝尔经济学奖的罗伯特·福格尔在美国经济学会所作的主席演讲中指出，美国最穷的公民所获得舒适程度甚至是 100 年前皇室贵族所无缘享受的（例如，超过 90% 的公寓居民有彩电）。嫉妒可能是“七宗罪”之一，但它并没有引起经济学家太多的注意。一个人的效用应该决定于他喜欢自己汽车的程度，而不是他的邻居是否开美洲虎汽车。

随着工业革命的来临，人类才变得越来越富有。当父母的收入上升时，他们为孩子们花了更多的钱。但是，他们生的孩子更少了，在每个孩子身上花的钱更多了。正如人力资本理论所预测的，工业革命带来的经济转型，即生产率的大幅提高，使父母的

时间变得更昂贵。随着拥有更多孩子的优势下降，现代人开始将他们不断上升的收入投资于他们孩子的成长质量，而不仅仅是数量。1979 ~ 1997 年，最富的人的平均收入与最穷的人的平均收入相比，其差距从 9 倍蹿升到了 15 倍。当美国史上最长的经济繁荣期结束时，富人更富，而穷人则原地踏步，甚至更穷。最穷的美国人，其平均收入（经通货膨胀调整）实际上已经下降了 3%，尽管在 20 世纪 90 年代末急剧上升。

在美国，技术工人总是比非技术工人赚得的工资更多，这种差距已经开始以惊人的速度扩大。总之，人力资本变得越来越重要，回报率也比以前更高。人力资本重要性的一个简单体现是高中毕业生和大学毕业生的工资差距。在 20 世纪 80 年代初，大学毕业生的工资比高中毕业生的工资平均高出40%；如今，这个差距已经变成了80%。有研究生学位的人则比这些人赚得更多。看看积累财富，而不仅仅是年收入，它甚至呈现出一幅更加不对称的画面——画面显示，美国贫富差距正在增大。从国际范围来看，在全球化的市场上，商品的技术等级越高，价格也随之更高。由于价格水平决定着成本水平，高价格不仅能使国家承担起获得一流技术人才的高成本，并因此增强国家的国际竞争力，而且使国家形成高价格和高收入的良性循环式的增长。因此，只要具备技术条件，每个国家都会尽可能选择高端商品去生产，放弃或部分放弃低端商品的生产，同时通过进口来满足对低端商品的需求，这对任何国家都是一个好的选择。

每个国家能够选择的产业和贸易等级是由它的技术实力强制决定的，不存在人为超越的可能性。一些在技术水平和经济实力上并不具备条件，却试图通过政府的产业和贸易政策人为提升产业等级的发展中国家，实际上只是在生产一些与发达国家主导产业商品类似的低端商品（在性能、质量方面）。

技术水平越高，从而可生产的商品的范围越宽的国家，资源配置改善的状况越明显。反之，技术水平越低、选择范围越窄的国家，资源配置改善的可能性越小。由于发展中国家主要是通过进口技术设备并进行模仿来实现本国的技术进步，同时贸易可以使发展中国家获得自己不能够生产的较高端的消费品，因此，发展中国家在国际贸易中获得了一小块蛋糕。

但是从国际贸易的收入分配来看，发达国家向发展中国家出口的高技术等级商品中，使用的要素主要是资本和高技术等级的劳动力，而从中国进口的商品中使用的要素主要是低技术等级的劳动力。因此，贸易的结果是提高了发达国家资本所有者和高技术劳动者的收入，但却降低了发展中国家低技术工人的收入。低技术等级商品的进入门槛很低，在全世界有广泛的供给来源，国际贸易又将全球的低技能工人置于更激烈的竞争之中。这无形当中就形成了发达国家与发展中国家在贸易中的不对等地位。

许多经济学家认为，只要每个人都生活得更好，我们无须担心贫富差距。我们应该关心穷人所得到的蛋糕有多大，而不管他相对于比尔·盖茨得到了多少蛋糕。

关于收入不平等日益扩大的话题，还有一个更实际的考虑。收入不平等会不再激励我们更加努力地工作，从而变得没有生产效率吗？当各种情况交织在一起的时候，这种情况就极有可能会发生。届时，穷人可能抵制重要的政治经济制度，比如产权和法律法规。不平衡的收入分配可能导致富人将资源挥霍于越来越华而不实的奢侈品上，倘若将这钱花在其他投资上——为穷人的人力资本投资——将会产生更高的回报。有些研究发现，收入不均与经济增长之间存在负相关。而另一些研究结果则相反。随着时间推移，数字会说明这种关系。如果蛋糕在增大，我们应该给予每块蛋糕的大小多少关注呢？

企业合并比明星婚姻的失败率更高

企业并购自从19世纪在美国出现以来，已经历了五次并购浪潮，从“合并同类项”到“多项式相加”，再到“杠杆效应”，发展可谓是突飞猛进。近年来，伴随着全球经济一体化和信息化的趋势，企业并购浪潮更是风起云涌，呈现出范围大、数量大、力度强、巨额化、跨国化等全新特点。

企业合并，是指将两个或者两个以上单独的企业合并形成一个报告主体的交易或事项。企业合并分为同一控制下的企业合并和非同一控制下的企业合并。一个在并购过程中常被忽视的问题是整合时的整体规划，整合问题是最难解决的问题，尤其在资金、技术环境、市场变化非常剧烈的时代，整合就更加不容易了。比如，美国时代华纳公司正式宣布分拆AOL，两者不再是一家人了。

这真是悲惨的结局。当初合并的时候，AOL的市值还高达1640亿美元，如今只剩下了20多亿，整整缩水了98%！这桩当年被称为“世纪交易”“史上最伟大的创举”的企业合并案，竟然是如此下场！

从叱咤风云的“巨无霸”，蜕变为无足轻重的“小虾米”，AOL只用了九年时间。我们看惯了互联网的造富神话，但是何尝想到，互联网消灭财富的速度竟也堪称光速。在这个网络高速发展的年代，“网络巨人”AOL为何会沦落至此？

但是，没有人料到，从宣布合并的那一刻起，AOL就开始走下坡路了，市场的领跑者变成了落伍者，因为它犯了一个不可原谅的愚蠢错误——忽视了宽带业务！AOL起家的法宝是拨号上网，最高网速一般不超过每秒 10KB，这意味着打开一个 100KB 大小的普通网页，用户需要等待 10 秒以上，而下载一个 5MB 的 MP3 文件耗时超过 10 分钟，所以这种上网又称“窄带上网”。AOL 本身是新技术的受益者，却对用户渴望高速上网的需求视而不见，对新兴的宽带技术无动于衷，顽固地坚守拨号上网这个阵地，这真是不可思议的事情啊，它最终遭到市场的惩罚。企业的规模趋于较大能够增强企业抵御市场风险的能力，企业合并以后，可充分整合并利用两个企业现有的共同资源，以达到更具势力和扩张力。

然而，是否真能实现大幅度的竞争力提升和销售额的增长，得以市场来最终衡量和监督，同时，还要看企业高层对此次收购的重视是否是长期的。除了对当时的成功收购仪式的举行的重视，还要将这一合并的资源有效运用，企业文化统一更新，企业管理结构优化调整，从而实现“硬件与软件”的优化，达到真正竞争力的提升和销售额的增长。

企业合并过程可以分为：合并选择、合并执行与合并后整合三个阶段。任何一个环节出现问题，都会给整个并购战略带来灾难性后果。

首先，要确立自己的企业合并战略。在合并过程中有一个明确可实行的目标，是合并战略实施成功的关键。管理者要注意不要掉入自己的并购陷阱中。一些管理者天真地认为，花钱买回的资产一定可以创造更大利润，且买得越多，回报越大。而事实远非如此。

其次，要防止整合过程中出现管理系统的崩溃。这类系统性问题，是实施并购管理者的梦魇。每一个人都期望并购后出现累加或合成效应，但如果没有正确的认识和积极的准备，并购后整合通常都会成为并购成功的最大障碍。

对公司合并整合而言，通常要考虑财务、战略和文化、运营与管理等几方面要素。首先是财务整合，在专业机构的参与下，对并购资产进行清查，对并购前的预设标准进行修正，并回馈给管理层与投资方真实信息，以便做出进一步的决策。其次是战略与文化的整合，这是统一新老公司发展方向与各层级思想的工作，也是后续整合工作的基础。

眼看道琼斯指数从 14000 点跌到 8000 点，仅从财务角度看，国外资产价格的确比过去便宜很多，“很多欧洲企业也快到了撑不住的地步”。同时在政策上，海外对中国企业并购不像过去那么排斥，利润下滑和金融危机令越来越多陷入困境的公司和国家转向现金充沛的中国，以图拯救。在这种背景下，无怪乎众多中国企业对于海外抄底跃跃欲试。

然而，事情并非如此美好。通过分析中国企业海外并购存在的人力成本“盲区”，如通用、福特的员工退休福利赤字远远超过其市值，在合并过程中我们很容易陷入企业合并的最大陷阱——人力和文化的整合。正如英国《经济学家》一个尖刻的比喻，

“企业合并要比好莱坞明星结合的失败率更高”。

长期在相对封闭的环境下成长、运作的中国企业在并购方面或许还要历经一些痛苦的失败。早年，TCL 收购法国汤姆逊，以及明基收购西门子手机，这在当时战略层面都曾被认为是可行的收购，最终都败在了“人”之上。包括联想收购 IBM，这一蛇吞象的壮举，目前也还处在艰难的文化整合之中。

中国企业不得不面对的一个基本事实是，全球 60% ~ 70% 的合并案例是失败的。虽然大多数中国企业并购事件才刚刚发生，或者整合期间低调潜行，一时半会儿还无法算出中国企业海外并购的成败几率。但相对于经验丰富的欧美日企业，长期在相对封闭的环境下成长、运作的中国企业在并购方面可能要经历一些很痛苦的失败过程，才能真正学到很有用的知识。有没有能力整合好，这是每个准备出手收购的中国企业必须考虑的问题。

第四章

公共经济：免费蛋糕不是多多益善

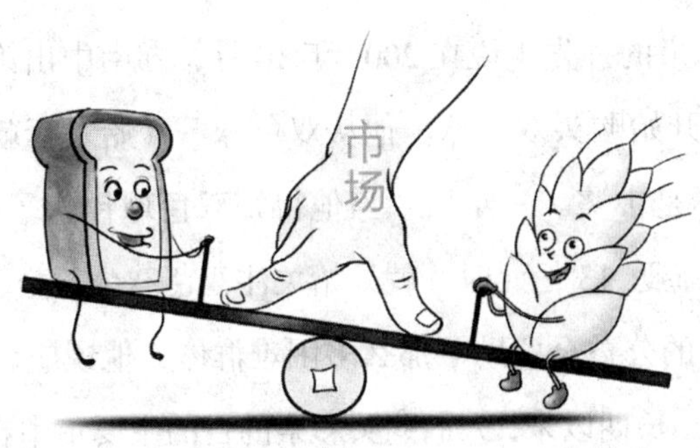

第一节

社会福利——从摇篮到摇椅的幸福护照

一张彩票可以帮助千万人

2007年6月1日儿童节，南京市儿童福利院内一片喜庆。南京市“情暖童心、爱心助孤”大型公益活动在这里隆重举行。市福彩中心向南京市儿童福利院捐赠20万元福彩公益金，表达了全市彩民和福彩中心工作人员的一片爱心。长期以来，市福彩中心开展了一系列的公益资助活动，如捐赠孤残康复手术费，修缮儿童福利院、流浪儿童救助中心和敬老院等，充分体现了福彩发行的宗旨。

湖南省常德市的孙先生说在2002年10月，湖南中出第一注500万，很多人开始购买双色球。他从双色球一开始发行就买，但只是关心是不是中奖。一年后，当他得知双色球销售了36亿多元，筹集福利金近13亿元时，就开始关注双色球公益金。5年来，双色球筹集的公益金资助了那么多困难群体，他说应该让更多人了解这一点。长期以来，人们购买彩票的目的主要集中在“碰运气、中大奖”上，尽管中大奖的概率非常之低，但是“两块钱赢来五百万”，这种“以最少的投入换得最大的回报”的期盼心理，使得我国的彩票事业发展得非常迅速，而福利彩票就是一个典型。不过相对而言，却很少有人对福利彩票的发行宗旨——“扶老、助残、救孤、济困”有一个深入的了解。而这，就属于经济学中的福利范畴。

“福利”是经济学中的一个重要概念，但不同的国家对其理解稍有差异。我国传统使用的社会福利主要是指由国家出资兴办的、旨在为社会大众谋取利益的各种福利性事业，包括一般社会福利、职工福利和特殊社会福利等。彩票便属于社会福利范畴。

对于像我国这样一个拥有13亿人口的大国来说，其福利事业是非常艰巨的。我国残疾人口数量有8000多万，老龄化现象也日趋严重，这些人都需要社会的帮助，而要解决这些问题，单一由国家开支是不可取的，必须向社会筹措资金。不过长期以来，我国筹措资金的方法却显得单一，主要通过国家和企业两个渠道，如此一来，国家和企业负担就显得过重，一些应该解决的社会问题又无力解决，因此必须打通个人和社会两个渠道——彩票在这里便发挥了巨大作用。

应该说，社会上确实有许多组织和个人在无偿捐资给国家的福利事业，他们的行动令人肃然起敬。不过从长远看，还没有任何一种捐赠像彩票这样，能够持久、稳定地为福利事业支持大量资金。对于个人的强烈吸引力和对于社会福利的强大帮助，使得彩票成为社会筹资的重要方法。

“彩票”在法律上有着严格的定义。它是国家为支持社会公益事业而特许专门机构垄断发行的一种有价凭证，人们可以自愿选择和购买，并按照事前公布的规则拥有中奖权利。“中国福利彩票”则是由国务院批准，由隶属于民政部的中国福利彩票发行管理中心承担，按省级行政区域组织实施。

其实，就世界范围的社会福利发展看，各个国家的具体做法虽然不同，但都采取了多渠道筹措资金的方式，即国家、个人、企业、社会四项并举。而向社会筹措资金，主要方法就是募捐和发行彩票。20 世纪 90 年代以来，世界各国彩票年销售总额已逾

千亿美元。无论是发达国家还是发展中国家，都在发行彩票，彩票种类很多，其收入在除去支付奖金、行政运营成本后，主要用于公益事业，效果不错。除此之外，彩票还能缓解政府的财政压力，解决社会上其他一些燃眉之急。由于历史原因，自中华人民共和国成立以来，我国一直没有正式发行彩票。改革开放后，在 1987 年 7 月 27 日，中国社会福利有奖募捐券首发式在石家庄举行。该年 8 月 28 日，中华人民共和国彩票史上第一次摇奖仪式在石家庄举行。一等奖奖金为 2000 元，一位中奖者温先生用这笔钱筹办了自己的婚礼。从这以后，中国的彩票就应运而生，结束了长达 38 年无彩票的历史。

自 1987 年至 2016 年 12 月 31 日，中国福利彩票累计发行销售 15200 多亿元，为国家筹集公益金 4750 多亿元。作为国家筹集社会公益金的重要渠道，福利彩票来自于社会，服务于社会。根据国家现行政策，从 2005 年起，对彩票公益金在中央与地方之间，按照 50%和 50%的比例分配。中央集中的彩票公益金，在社会保障基金、专项公益金、民政部和国家体育总局之间，按照 60%、30%、5%和 5%的比例分配。

以 2016 年的福利彩票筹集彩票公益金约 1085 亿收益为例，当年上缴中央财政约 528 亿元，用于支持社会保障基金、社会福利事业、残疾人事业、城乡医疗救助及青少年课外活动设施建设等公益事业；其余 500 多亿元，定向用于城乡社会福利机构和社区福利服务设施建设。

“十二五”时期是我国全面建设小康社会的关键时期，社会经济发展进入新阶段，综合国力增强，居民可支配收入水平不断提高，保障和改善民生地位凸显，公益慈善理念渐入人心，相关法律法规逐步完善，这些都将为扩大彩票发行提供广阔的发展空间。

一张价值两元钱的彩票，借助社会福利这一渠道，可以帮助千千万万的人。通过一张彩票，一个人既可以体会投资和期盼的乐趣，更可以将自身与社会福利事业紧密联系起来，由此，一个公民便可以奉献爱心、弘扬美德和传播慈善。彩票已经成为推动我国社会福利事业不可或缺的重要力量。

只有不到2%的老人由福利机构照顾

《后汉书·礼仪志》中记载：“仲秋之月，县、道皆案户比民，年始七十者，授之以玉杖，哺之糜粥。八十、九十，礼有加赐。玉杖长尺，端以鸠饰。鸠者，不噎之乌也，欲老人不噎。”从这个记载来看，汉代的养老敬老，不仅务实，而且还有良好的健康祝愿。

据1959年在甘肃武威县咀磨子18号汉墓内出土的一根鸠杖，杖端系着的王杖诏书木简，以及1981年在同一地点汉墓中出土的一份西汉王杖诏书令册木简记载，汉朝的养老敬老法规始终一致，没有间断过，而且每隔一段时间皇帝就要诏告天下。西汉诏书中明确写道：“高年赐王杖（即前文中的玉杖），上有鸠，使百姓望见之，比于节。”“年七十以上杖王杖，比六百石，入官府不趋。”当时的“六百石”官职为卫工令、郡丞、小县县令，相当于现在的处级干部。也就是说，汉代的70岁老人在“政治”上享受处级待遇，持王杖进入官府不必趋俯，可以与当地的官员平起平坐。

“敬老养老，养儿防老”“子女尽孝”，这也正是我国几千年的一个优良传统。中国养老制度最完善的时期当属汉代，汉代人口最高峰也不超过6000万，70岁以上的老人更是古来稀。面对如今我国“老龄化”的现实，就会意识到，桃花源里的养老体制已经显得不够。如果单纯依靠子女，特别是越来越多的独生子女，赡养老人恐怕会心有余而力不足。要解决这个问题，就必须大力发展“老年人福利”。

按照世界卫生组织的规定，一个国家或地区60岁以上的老年人口比例如果在10%以上，或者65岁以上老年人口的比例在7%以上，就认为这个国家或地区进入了老龄社会。目前，世界上大多数国家都有老龄化趋势，我国也已经提前进入人口老龄化国家的行列。各个国家都把老年福利作为福利制度的重要内容之一，并推行了许多行之有效的措施。以西方的一些发达国家为例，它们的老年人福利是在全民福利的模式中逐步建立起来的，基本上完全由政府开支。老年人除了可以享受公民的一切福利待遇以外，还可以享受社会提供给老年人的特有福利。

美国、德国、瑞典、英国等都为老年人提供生活指导以及饮食配送。在瑞典，老年人乘坐公交车、上剧院、看电影、参观博物馆等都享受半价优惠。在对老年人尤为重要的医疗保健方面，美国提供住院和疗养性服务，德国、法国提供护理扶助，日本则有临终关怀医院等。

法国由国家创办了多所老年大学，其开支均列入政府预算。瑞典国内所有的大学都对老年人开放。在巴西，大约有 150 所公立和私立大学招收老年大学生，规定 60 岁以上老人不必高考就可以直接入校，当然，课程安排也相应与常规不同。

许多人会有一种模糊认识，就是老年人拿了退休金，即算是享受老年人福利了。实际上，这种看法是相当狭隘的。老年人福利绝不仅仅是养老金这一项内容，它包括了老年人的物质生活和精神文化生活的各个方面。

老年人福利是指国家和社会为了安定老年人的生活、维护老年人的健康、充实老年人的精神文化而采取的政策、措施和社会公益服务。在精神文化生活方面，许多国家对老年人的学校教育提供了很大的便利条件。

但是与西方发达国家的老年人福利相比，我国的老年人福利差距立刻就显现出来了。有一项统计数据显示，在被调查的城市老人中，有 98% 的老人还在依靠自我养老，只有不到 2% 的老人由社区福利机构照顾。

我国现有的老年人福利设施严重不足，社会福利机构的总床

位数还不到老年人总数的1%，无法满足养老需要，而且与发达国家3%~5%的比例相比，差距是相当大的。而在经济不发达的农村地区，农村老人生活困难、缺医少药的现象还很普遍。我国存在着诸多欠缺，做得还远远不够。根据民政部2017年8月3日公布的《2016年社会服务发展统计公报》显示，截至2016年底，全国60岁及以上老年人口2.3亿人，占全国总人口的16.7%，其中65岁及以上人口1.5亿人，占全国总人口的10.8%。

根据预测，到2020年老年人口将达到2.4亿人，占总人口的17.17%；到2050年，老年人口总量将超过4亿，老龄化水平推进到30%以上。我国还是一个发展中国家，虽然经济实力在不断增加，人均值却无法与发达国家相比。面对这么多的老年人口，国家财政明显感到力不从心。一方面是老年人福利建设资金不足，另一方面是全社会老年人的福利需求在迅速增长，这一矛盾显得尤其突出。

从某种程度上说，我们现在的老年福利制度还只是补缺型福利，只是针对一部分老年人和特殊老年群体。目前，全国所有城市贫困老人均已纳入低保救助范围，实现了“应保尽保”，一些地方还对鳏寡老人、贫困老年人给予重点救助，将其享受的低保金在当地规定标准的基础上上浮 20% 左右，截至 2016 年底，全国有城市低保对象 855.3 万户、1480.2 万人。2003 年民政部门将农村贫困老年人口列为农村特困户救济的重点，各地在制定特殊困难群体救助政策和办法时，普遍对其给予了照顾；2007 年底农村低保制度在全国普遍建立，全国 3566.3 万农村低保对象中有 60 岁以上老年人口 1017.8 万人，约占 28%。城乡贫困老年人口的基本生活得到有效保障。

面对这种形势，推广“老年人福利社会化”，即广泛动员社会力量，而不是像欧美发达国家那样主要依靠国家财政将势在必行。

现在要通过各种社区服务的方式为老年人福利提供支持。只有将我国的实际情况与国际的先进经验接轨后，中国的老年人福利才会形成自己的特色，才会建立起真正的“老有所养、老有所医、老有所乐、老有所学、老有所为、老有所助”的和谐社会，才能让老年人真正生活在美好生活之中。

从“养儿防老”到“保险防老”

如果你想了解你未来的养老问题，那么，有一门必修课——对自己未来的社保所承担的基本养老金水平，进行合理的测算，并准确定位其在退休规划中所占的比例，然后才能进行商业养老保险或者其他渠道的养老规划。

随着人口老龄化的到来，老年人口的比例越来越大，人数也越来越多。由于现在一家大多只有一个孩子，如果按照原先中国传统的“养儿防老”的家庭养老模式，由两个独生子女建立的两口之家需要负担四个老人的养老问题。这对年轻人来说是一个很大的压力。幸亏有了养老保险，为缓解中国的养老问题提供了一剂良方。1993 年，企业基本养老保险制度进行了重大改革，实行社会统筹与个人账户相结合的原则。1997 年，国务院决定，在全国范围内统一和规范企业和个人的交费比例，统一企业职工基本养老保险制度，企业交费比例一般不超过工资总额的 20%，个人交费比例要逐步达到本人工资的 8%。据统计，截至 2016 年底，全国参加城镇基本养老人数达到 3.78 亿人，全国企业退休人员人均基本养老金达到每月 2362 元。

2015 年 1 月 3 日，国务院发布关于机关事业单位工作人员养老保险制度改革的决定，并从 2014 年 10 月 1 日起实施。而改革的重要内容，是事业单位养老保险与企业基本一致。养老保险是社会保障制度的重要组成部分，是社会保险五大险种中最重要的

险种之一。所谓养老保险（或养老保险制度）是国家和社会根据一定的法律和法规，为解决劳动者在达到国家规定的解除劳动义务的劳动年龄界限，或因年老丧失劳动能力退出劳动岗位后的基本生活而建立的一种社会保险制度。

2015 年以前我国的养老保险制度采取城镇和乡村不同的制度模式和管理方式。在城镇，按企业国家机关和事业单位，分别实施不同的养老保险制度，在农村主要是家庭养老。20 世纪 80 年代中期以来，我国对企业基本养老保险制度进行了一系列改革，进入了由国家、企业和个人共同负担的基金筹集模式。

养老保险为老年人提供了基本生活保障，使老年人老有所养。养老保险保障了老年劳动者的基本生活，等于保障了社会相当部分人口的基本生活。对于在职劳动者而言，参加养老保险，意味着将来年老后的生活有了预期保障，免除了后顾之忧，从社会心态来说，人们多了些稳定、少了些浮躁，这有利于社会的稳定。

虽然很多人知道有养老保险这回事儿，却还是缺乏对养老保险的进一步了解。对养老保险，很多人只知道退休后就可领取养老金。

实际上，退休后领的养老金由两部分构成：一是当时社会平均工资的一定比例（约 20%）；另一部分是个人之前缴纳养老保险形成的个人账户资金。第一部分与国家经济发展相关，而第二部分的钱由之前个人 8% 交存，相当于把钱存在了银行。而原先由单位缴纳的部分，会直接划入统筹基金，和个人账户并没有关系。因此有人认为个人没有必要交存太多的养老保险，因此在跳槽等工作单位变动之时，也没有重视续交手续。这可能给退休后的养老金领取带来困难。

2015 年底，中国社科院世界社保研究中心发布的《中国养老金发展报告 2015》显示，2014 年全国职工养老保险个人账户累计记账额接近 4.1 万亿元，而所有做实个人账户省份的职工养老保险累计结余超过5000亿元，即全国养老保险个人账户的“空账”，已经从 2007 年的 1.1 万亿元扩大到了 2014 年的 3.5 万亿元。

养老金关乎国运，牵涉民生。在过去一段时间里，多国发生政坛地震，总理下台。这些国家的债务危机的救助方案中均含有养老金改革清单。如果说欧债危机是压垮这些国家的总理的最后一根稻草，养老金就是引发债务危机的最后一个诱因，中国养老金改革应如何吸取欧洲教训，是一个发人深省的大问题。

2012 年 4 月 23 日，美国政府称，随着人口老龄化和婴儿潮一代退休，美国社保资金将在 2033 年用光，比预想中提前 3 年。脆弱的经济和政治僵局使政府更加难以尽到其义务，保持其多年以来对纳税人所作的承诺。社保基金呼吁议员们行动以保障社保基金和联邦医疗保险的未来。

当然，我们也不得不承认，社保面临“空账户”运行的尴尬。这也是一些人提出推迟退休年龄、减轻社保给付压力的原因。

为了解决社保“空账户”问题，我们听说过几种筹资途径，包括地方政府应从土地出让金中提出一部分给社保、国有企业的股份与利润分成中应有划归社保的部分，等等。

但是，上述举措究竟实现了多少，人们却不得而知。原本养老保险应最大限度地体现公平公正，对其进行任何改革，都应围绕这一主旨。削减事业单位的养老金，只会增加更多人的忧虑和恐慌，而改革将公务员排除在外，更难以服众。

苦于改革上的问题难以突破，中国开始将眼光转向西方。在当时，欧洲大陆的养老模式、新加坡的中央公积金制度和智利私人管理的养老金制度都取得了不同程度的成功。而国际劳工组织和关于养老金制度改革的构想和世界银行关于养老金制度的建议也同样具有其各自的价值。

农民得病，公家报 80% 医药费

是人都怕病，而普通人最怕的是有了病却没钱医治。这种心态，在我国 8 亿多农民那里尤为强烈。“辛辛苦苦十几年，一病回到改革前。”这句口头禅曾在农村中广为流行，说的是“因病返贫”。在缺乏医疗保障的情况下，这一现象在农村时常可以见到。两年前，黑龙江省富裕县和依安县的两位农民差不多同时患病，正是遇上了百姓最怕的事，然而，接下来，他们两家的境遇却大不相同。

正月十六，春节过完，富裕县的老周一家却怎么也打不起精神——主梁骨老周得了大病，让这个四口之家背上了数万元债务。对他们而言，这是一个沉重的负担。

如果时间往前推上 3 年，老周一家在村里算得上数得着的富裕户：车、牛、地、存款，什么都有。然而，天有不测风云，一年多前，老周一时浑身乏力，到医院一检查，肺癌。为了治病，家中几万元的存款不到半年就空了。该借的借遍了，该卖的卖没了。如今老周只好硬挺，要不是县里扶贫干部春节前送来米、肉，周家这个年都不知道怎么过。

几乎与此同时，在不过百里之遥的依安县，农民汪女士也得了出血热病，但结果恰恰相反，一场大病并没怎么着。她家为看病花了 1.6 万多元，村里按规定给汪女士报销了 80% 的医疗费。算下来，汪家仅付了三千多元。原来，他们有村级合作医疗托着。

这个村每年都从集体积累中拿出 20 多万元扶持村卫生所。这就是农民最怕的事情：因病返贫，一人得病撂倒一家。周、刘两相对比，一家没有医疗保障，一家有医疗保障，在大病面前的命运有着天壤之别，令人欷歔叹息。

汪女士享受的医疗，是指新型农村合作医疗。村民们小病不出村，得了大病“公”家管。这正是“得了大病心不慌，合作医疗帮大忙”，如果没有合作医疗，汪女士一家迟早也得面临和老周家一样家徒四壁的状况。

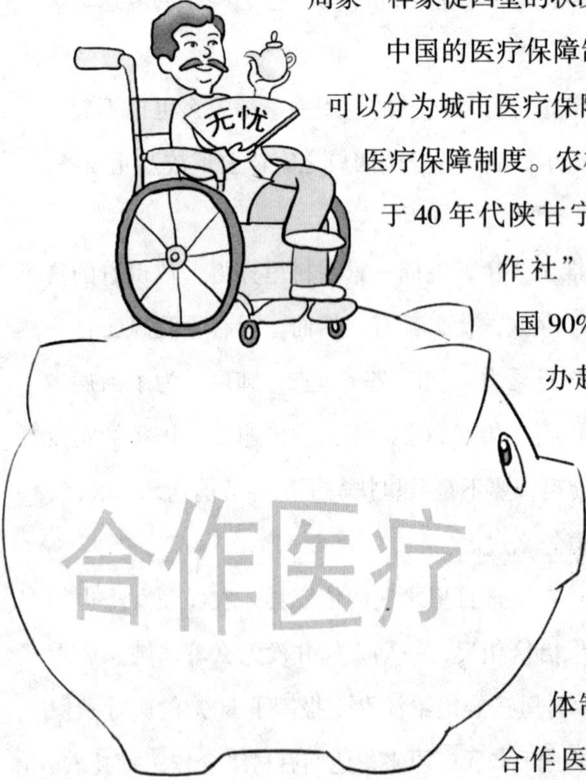

中国的医疗保障制度根据享受对象可以分为城市医疗保障制度和农村合作医疗保障制度。农村合作医疗，起源于 40 年代陕甘宁边区的“医疗合作社”，到 1979 年，全国 90% 以上的生产大队办起了合作医疗。其经费来源个人和社区集体共同负担。

20 世纪 80 年代，农村经济体制发生重大变化，合作医疗由于没有及时地进行改革和完善而跌入低谷。到1991年覆盖面占农村人口的10%。2003年起，我国开始试点实行新型农村合作医疗制度。

新型农村合作医疗，简称“新农合”，是指由政府组织、引导、支持，农民自愿参加，个人、集体和政府多方筹资，以大病统筹为主的农民医疗互助共济制度，采取个人交费、集体扶持和政府资助的方式筹集资金。农村合作医疗是由我国农民自己创造的互助共济的医疗保障制度，在保障农民获得基本卫生服务、缓解农民因病致贫和因病返贫方面发挥了重要的作用。

这项制度是由我国政府在2002年10月推出的，并明确到2010年，基本覆盖全国的农村居民。几年来，在各地区各有关部门的共同努力和广大农民群众的积极参与下，新型农村合作医疗的工作得到了扎实、积极的推进，取得了显著成效。在普及的过程中，新型农村合作医疗制度也在不断完善。它既是中国医疗保障制度中有特色的组成部分，也是中国农村社会保障体系的重要内容。

自2007年以来，国家已经先后数次调整了新农合筹资标准，新农合基金的逐年增加，为增强新农合的保障能力和促进新农合制度的可持续发展奠定了坚实的基础。参合农民从新农合制度中得到的实惠越来越多，很大程度上摆脱了因病致贫、因病返贫的现象。

曾几何时，“看病贵”一直是老百姓的心病，对于收入普遍偏低的农民而言，对疾病的恐惧更为严重。据说，农民工外出打工时，最怕的一件事就是生病，因为价格不菲的医药费会将辛苦挣来的工资大把耗掉。由此可见，新型农村合作医疗制度的推广，是一件为中国8亿多农民造福的大好事。

在2008年1月份，国家卫生部宣布改革医保制度，并确定了具体的目标：到2020年，全国实现人人享有基本医疗卫生服务。“基本医疗卫生服务”既包括疾病预防控制、妇幼保健、职业病防治，也包括急慢性疾病的诊断、治疗和康复等服务。

“一个有着8亿农业人口的发展中国家”，这就是我国医保体制改革面临的最大国情。农村，恰恰是中国医疗卫生发展最薄弱的环节，因此要实现医保体制改革的目标，重中之重便是解决农民的医疗卫生。新型农村医疗合作制度的基本思路与这种特殊国情是完全吻合的。

政府和农民共同筹资，对农民的医疗费用进行补贴，当这种新型的农村合作医疗制度覆盖所有农村的那一天，当8亿农民切实得到医疗保障的那一天到来时，可以说，那便是我国医保体制改革的成功之日。

社保体系是否应当私有化

失业了日子怎么过？年岁渐长如何养老？大病小痛上得起医院吗？没有收入来源衣食无着怎么办……这是百姓最关心的问题。

在一个“全民社保”的国家，国家给全体公民撑开一把社会保障的大伞，让每一个公民都能得到基本的生活保障以确保公民的社会福利。

完善的社会保障体系，历来被称为人民生活的“安全网”、社会运行的“稳定器”和收入分配的“调节器”，是维护社会稳定和国家长治久安的重要保障。加快建立覆盖城乡居民的社会保障体系，能推动和谐社会建设和经济社会又好又快发展。

中国主要实行国家管理下公共社会保障体系，由中央政府和各级地方政府共同负责。这与国外的社会保障体系存在较大的差异。布什成功连任，竞选期间共和党提出的社会保障私有化方案也开始提上议事日程。1983 年，社会保障信托基金的储备下降到最低点，仅有 197 亿美元，只够支付 1.5 个月，美国历史上首次出现了社会保障支付危机。面对如此严峻的形势，里根总统最后选择了缩减政府在大部分社会保障计划和项目上的开支，并鼓励大力发展私人退休金计划，将私人机构融入社会福利体系，将组织和实施社会福利的权力与职责授予私人机构，从而有效地降低了社会保障的替代率，进而在一定程度上缓解了社会保障的财务危机。

2000 年，布什将社保私有化作为竞选政纲内容之一。2001 年，布什上台不久，就宣布成立跨党派委员会，研究社保私有化方案。该委员会提交的报告，为美国社会保障私有化改革规划了蓝图。该报告的核心内容就是，建立类似于年金系统中的 401K 计划的

个人账户，并由私人将其投入股市，以提高回报率，缓解社保基金未来支付压力。

尽管好几届总统都赞成社会保障体系私有化，但是奥巴马承诺将捍卫《社会保障法》，坚决抵制国会共和党领导人将私有化纳入立法议程的行动。他认为：“我们唯一不能接受的就是将社会保障私有化——将人民的福利交给反复无常的华尔街商人和起伏不定的股票市场，注定会增加数万亿的预算赤字，这是考虑欠周的主意。”

2002 年，拉美已有 10 个国家从 DB（给付确定型）转向 DC（缴费确定型）制，完成私有化或部分私有化的改革；转型国家紧跟改革潮流，已有一多半国家建立了个人账户，从现收现付制转向完全积累或部分积累制：近几年来，英国、意大利、德国及甚至被认为福利慷慨度最高的瑞典也建立了“名义账户”，对传统制度进行了结构性的改革。由此看来，尽管存在着不少的风险和阻力，但是社会保险体系私有化已经成为未来的一个很明朗的趋势。

但是，中国的社会保障体系是否需要私有化呢？

美国市场经济发育完全，股市稳健，有着较高的投资回报率，但股市仍是风险领域，经济弱势群体的利益如何保障？社会保障系统不仅涉及数百万人的生活，更关乎美国的经济安全，因此，即使是市场经济已相当完善的美国，对待社会保障私有化也慎之又慎。而针对中国社会保障制度尚待完善，以及中国人口基数十分庞大的现实，我们仍旧需要踏实地一步一个脚印地走好每一步，切勿眼高手低，跟风学艺。

第二节

公平——多干活儿反而高兴

如何达到公平和效率的理想王国

公平与效率始终是经济学论争的主题，甚至被称作经济学说史上的“哥德巴赫猜想”。这是因为，社会经济资源的配置效率是人类经济活动追求的目标，而经济主体在社会生产中的起点、机会、过程和结果的公平，也是人类经济活动追求的目标。假定有这样一个贫富分化的国家，只有富人和穷人，分别集中居住在东部和西部。国家每天分给东部和西部同样多的粥。东部富人这边人很少，粥相对就多，每天的粥喝不完；西部穷人那边人很多，很多人吃不饱，因此穷人们都认为这样很不公平。

于是，政府决定，从富人的锅里打一桶粥，送给穷人吃，以减轻不平等程度。政府的愿望很美好，只不过为了把粥送到穷人那里，政府需要买粥的桶，要雇用挑桶的人，增加很多开支，更不幸的是，政府用的那个桶破了个洞，成为一个漏桶。这样，等粥到了穷人那里，一路上漏掉了不少。为了公平而增加了开支，甚至丧失了公平，这就是效率的损失。美国经济学家阿瑟·奥肯由此提出了著名的“漏桶理论”，奥肯曾形象地说：“当我们拿起刀来，试图将国民收入这块蛋糕在穷人和富人之间做平均分配时，整个蛋糕却忽然变小了。”

从富人那里征收来的每100美元税收，实际上只能使穷人的收入增长50美元,其余的都消耗在勤奋程度下降和管理成本上面。

（1）政府必须雇用税收人员去征收这些收入，必须雇用社会保险会计去分配这些收入。这显然是缺乏效率的，或是无可奈何之举。

（2）随着征税人咬去的那一口馅饼越来越大，我是否感到积极性受挫从而最终减少工作呢？当税率明显过高时，税收的总收入反而会比在较低税率条件下减少。

再分配这个桶上出现了一个大漏洞。那么以平等的名义进行

的再分配就是以损失经济效益为代价的。

这里所说的蛋糕变小，实际上就是效率的损失，原因主要有两个：一是税收削弱了富人投资的积极性。奥肯在他那本著名的《平等与效率——重大的抉择》一书中，这样写道："如果税收对于储蓄和投资具有重大的和有支配的影响，那么在总量数字方面的证据将是引人注目的而且是明显的。"1929 年，尽管美国经济处于萧条时期，但由于当时的税率很低，投资还是占了国民收入的 16%。在此之后，联邦税的税率上升了好几个百分点，到了 1983 年，尽管当时的经济处于复苏时期，但投资率仍没有超过 14%。税收影响了劳动的积极性。不仅影响富人，而且影响穷人。

比如一个失业工人，由于得到了一份月薪并不算高的工作，而失去了政府所有的补贴，他自然也就对找工作不热心了。这样，由于在收入分配的过程中，可供分配的国民收入总量减少了，结果就必然与政府的桶发生了"泄漏"一样，使得富人失去的多，而穷人得到的少。税收收入之桶最重要的潜在漏泄是储蓄。有人认为高税率阻碍了储蓄和投资。他们担心普遍的社会计划，特别是社会保障和医疗保健计划，会减少人们为年老健康问题而储蓄的动力，从而导致国民储蓄率急剧下降。这些经济学家援引近 20 年来美国储蓄率下降的事实作为政府计划对经济影响的证据。在战后大多数时期，平均国民储蓄率保持在国民生产总值 8% 的水平。今天，甚至不同意政府计划会降低国民储蓄率的经济学家们也在研究政府如何采取措施扭转这种趋势。

第二次世界大战以后，北欧和西欧国家着力于建立福利社会，既实现了社会公平，又激发了人们的劳动积极性，提高了资源配置效率，在20世纪50～70年代出现了较长期的繁荣与稳定，从而实现了公平与效率的内在统一。20世纪80年代特别是90年代以来，随着福利水平逐步提高，个人所得税率越来越高，个人税收负担越来越重，分配均等化倾向日益明显，劳动与闲暇之间的收入差距越来越小，产生了以闲暇代替劳动的现象，在一定程度上牺牲了效率。

漏桶原理告诉我们公平与效率的交替关系：为了效率就要牺牲某些公平，而为了公平就要牺牲某些效率。

在采取各种步骤将收入从富人向穷人那里进行再分配的过程中，政府可能损害经济效益并减少可以用来进行分配的国民收入的数量。但在另一方面，如果平等是一种社会商品的话，那么它是值得购买的。

2001年当美国总统布什签署旨在逐步削减并最终废除遗产税的法案时，作为最大“受益者”的富豪们却提出了最强烈的反抗，盖茨、巴菲特等人甚至打出了“请向我们收税”的口号。但是，今天几乎所有经济学家都达成了共识，如果对富人重税，或者支持那些有能力的穷人，那么这种税制可能会产生不利的影响。因为，随着政府将更多的钱分配给穷人，其不得不提高富人及中等收入者的税收，就如同老师拿出好学生的成绩“奖励”给差学生一样，这样必然会削弱富人们工作的积极性。经济学家必须对这种取舍的幅度做出准确的估计。

这就如用刀来划分馅饼的矛盾，公平代表了如何分馅饼，而效率则表示馅饼的大小，人们必须在公平和效率之间做出选择，因为，效率关注的是能不能尽量把蛋糕做大，而公平则关注的是能不能公平地分蛋糕。

自私并不妨碍公平的实现

我们都喜欢公平与自由，公平来源于自私，没有自私，就没有公平，是自私产生了公平，公平是在自私的基础上建立起来。没有绝对的公平，公平是在强者与弱者之间的妥协中产生出来的，公平是用来限制强者的自私，对弱者是有利的，有强者，就有弱者，强者少，而弱者多，公平是两者在长期实践中而逐渐固定下来的意识。

人并非纯粹的理性动物。有些时候是自私的。但是自私并不是绝对不好，它也因此带动了效率的出现。经济学以资源配置为研究对象，效率是个中心问题，可以说搞清什么是效率，也就大体上搞清了微观经济学的基本内容。

19 世纪英国哲学家边沁对效率提出了一个简单的原则：“为最多数的人谋求最大的好处。”为实现这个原则，他主张社会应该使其成员的总效用最大化。

边沁的标准意味着，彼德和保罗两人除了彼德收入 8 万美元而保罗收入2万美元之外完全相同。在这种情况下，拿走彼德的1美元给保罗将减少彼德的效用而增加保罗的效用。但由于边际效用递减，彼德效用的减少小于保罗效用的增加。因此，这种收入再分配增加了总效用，这是功利主义者的目标。

经济学家对效率的定义——如果没有人能在不使其他人状况变坏的情况下使状况变得更好，那么经济就是有效率的。在均衡状态下，完全竞争市场通常是有效率的。也就是说，在多数情况下这样的市场提高了生产效率。除非市场失灵，否则只要市场发挥作用就不存在能提高由交易带来的收益的其他途径。让我们想一想博尔特的百米赛跑，显然博尔特最后没有全力冲刺的原因是因为领先第二名很多，因此如果想让所有的选手同时撞线，你就必须改变规则，让速度快的选手慢下来，然后大家一齐冲刺，当然这是才能的浪费。

还有一种方案，将某些起跑器向前搬，再把有的起跑器向后搬，以使所有的选

手都尽快跑，比方说，将博尔特的起跑器向后搬 5 米，这样他就必须全力冲刺才能争取这枚金牌，因此在遵守通用规则的条件下，速度最快的选手必须跑更多的路，才能和最慢的选手同时到达终点。在著名的“领跑理论”中阿罗证明，在努力平衡竞争性市场中，这种方法能够奏效，它本身并不干预市场，而是通过一次性付款或一次性征税来调整起跑点。事实上，这种方法很像遗产税，改变财富分配的起点，并以此给大家重新公平竞争的机会，同时又保留了社会的延续性。

当然，百米比赛的解决方案是相对简单的，只要调整起跑器的位置就可以了。然而在真正的经济市场中，当数十亿不同商品、动机、人才准备起跑时，谁来搬动起跑器呢，这似乎是个不可能完成的任务，领跑理论只是一种大胆的主张。

阿罗实际上向我们传达了这样一个信息：可以让竞争性的经济体利用各种本领和原材料，利用每一次贸易、合作、教育、投入的机会，通过转移起跑点，让完美的市场完成其他的工作。这就是要在市场竞争中讲究效率。

竞争性市场经济在生产人们想要消费的商品和服务时解决的是效率问题，但政府要考虑到人们对消费品的分配是公平的吗。设想有一种经济体系，其中一个独裁者控制一切，把在经济中生产的所有产品都据为己有，并且分给其子民仅够维持生存的极少量产品。这种经济是有效率吗？

是的，它是有效率的。如果没有办法使其中一个受苦的子民状况变好而不使独裁者的状况变坏，那么经济就是有效率的。但是这不意味着我们一定赞同这种经济体系。这种情况显然是不公平的：独裁者的富有与其子民的贫穷之间形成相对不公平。当1989年柏林墙倒塌的时候，西方观察家第一次仔细考察了民主德国的中央计划经济。他们看到的是一个效率低得令人吃惊的体制。投资被浪费在如能源生产这样受政策倾斜的产业中，消费品和服务的生产者却又急需资金。而且生产出的消费品常常是消费者不想购买的。

对民主德国效率低下的揭示说明了这种计划经济与像联邦德国那样的市场经济比起来运行得有多么差。

但即使在柏林墙倒塌后，新统一的德意志联邦共和国政府也不愿让自由市场按常规发展。相反，民主德国的产业和个人都获得了大额的财政援助。其目的是为了防止在许多由于重新统一而失去工作的民主德国人和联邦德国人之间出现在政治上无法接受的不平等。一段时间后，许多经济学家开始认为这种援助实际上延缓了对民主德国经济的改造。他们认为，援助减弱了工人迁移到工作机会多的地方或学习新技能的动机。但是德国官方坚持说这个是值得的，他们认为公平感有时比效率更重要。

德国的经验提醒我们，尽管我们想使经济有效率，我们也想让它公平。社会常常选择牺牲一些效率来寻求公平。我们从经济中得到的不仅仅是效率。我们也需要公平，我们希望个体间的效用分配公平合理。

平等和效率之间的冲突是我们最大的社会经济选择难题，它使我们在社会政策的众多方面遇到了麻烦。尽管效率和公平是两个不同的价值目标，但两者很难分开。如果没有效率的提高，就只能是贫穷，而在贫穷的条件下，不可能有公平的进步，当然，没有平等竞争，就不会产生高效率。这个重大的理论问题远远超越了经济学的范围，涉及哲学、经济学、政治学、法学、伦理学和社会学等众多学科。

为什么有收入差距

造成收入差距的原因主要有两方面：一是劳动收入的差异；二是资本收入的差异。据分析，劳动收入要占要素收益的75%左右，所以即使财产分配是公平的，大部分的不公平也会保留下来。导致劳动报酬差距的原因主要包括：劳动能力的差别、工作强度的差别、职业的差别和其他因素。虽然人们的劳动收入差别是很大的，但相对资产收益来说，人们还是比较能够接受的。人们最不容易接受的是资产占有差别而造成的收入的巨大落差，因为这往往不是人们自己努力的结果。

由于劳动收入占经济中总收入的75%，所以，决定工资的因素也就是决定经济中总收入如何在各社会成员间分配的主要原因。工资收入决定了谁是富人，谁是穷人。一个人的收入取决于这个人劳动的供给与需求，供给与需求又取决于天赋能力、人力资本、补偿性工资差别和歧视，等等。

那么，究竟是什么导致社会中存在某些收入不平等现象呢？

首先，人的各种能力（生理上的、精神上的和性格上的能力）都有极大的差别。然而这些个体差异对于解释收入差距的难题没什么帮助。生理特征（如力量、身高或腰围）和可衡量的精神特征（如智商或音乐感）几乎都不能解释人们报酬的差别。这并不是说个人能力无关紧要。谁有本领，谁就能大大增加其获得高报酬的可能性。但市场所评价的技能多种多样，而且经常难以衡量。市场常常奖赏那些敢于冒险、有雄心壮志、运气好、有工程学天才、有良好的判断力和工作勤奋的人，而其中没有一项可以在标准化的测试中加以衡量。正如马克·吐温所说的：“你不必精于赚钱，但你必须了解怎样才能赚钱。”

其次，个人在工作强度上差别极大。

一个工作狂一周可能有70小时用在工作上，而且无限期地推迟退休。而一个禁欲主义者可能工作得很少，仅仅够支付其生活必需品。由工作努力的差别而带来的收入差别可能相当大，但没有人会因此说经济机会生来就是不平等的。在美国，一个一年内全天工作的麦当劳雇员或者洗车行的雇员每年可能挣到10000美元。而在另一端的是高报酬职业，如医生。哪一种职业赚钱最多呢？毫无疑问是医生。

近年来，白领职位的薪金比蓝领职位的薪金提高得更快。根据劳工部的统计，扣除通货膨胀因素，从1981年到1993年，白领职位的薪金上升了6.6%，而蓝领职位的工资反而下降了4.1%。这当然会增加美国社会的收入不平等。恰如上面案例所示，收入不平等的一个重要来源是人们的职业。在低收入的一端，有家庭佣人、快餐店服务员以及非技术性的服务人员。

不同职业之间差别如此巨大的根源是什么呢？部分原因是培养一个医生所花的时间很长。能力也起着一定的作用，例如，工程性工作只能交给那些具有某些技能的人。有些工作的报酬高是因为它们危险和令人不愉快。此外，当某些职位的劳动供给有限的时候，例如，在有工会限制或产业经营规范过严的场合，这个职位的薪金就会被抬高。

除能力、职业和教育以外，还有其他因素影响工资报酬的不平等。某些职业存在着歧视和排斥，这种歧视和排斥对于压低收入起着重要的作用。

另外，家庭生活和社会经历对于他们以后所获得的报酬也大有影响，富家孩子的生活起点可能并不高于穷孩子，但在生活的每一阶段他们都从其环境中受益。而一个穷孩子经常经历的是拥挤、营养不良、破落的学校以及劳累过度的教师。对许多在贫民区居住的贫困家庭的孩子而言，在他们不满 10 岁以前，天平就开始向不利于他们的一边倾斜。

一些经济学家相信，技术革新、移民、国际贸易还有日益流行的“胜者全得”的市场规则等，正在制造出更多的不平等。结果，30 年前，一个有天分的运动员的收入也许比工厂工人高不了多少。

个人遗产分割的公平考量

毫无疑问，大多数父母的财产，会平均分给他们的孩子，即便是有的孩子比其他孩子要富有得多。遗产是在你最爱的人中进行收入再分配的最后一次机会，如果大多数父母放弃了这个机会，那么，在利用税收制度在陌生人之间进行收入再分配时，就几乎没有任何与家庭有关的因素了。黄某于 2004 年 9 月 1 日病故，他生前是某公司的退休职工，妻子杨某已于 1993 年病故。黄某和杨某育有 6 女 2 男，次子结婚后生育了三个子女。1989 年 4 月，次子病故，之后，其妻改嫁。黄某和杨某的遗产，除了房屋、果树等已由长子和次子的子女作两份来分外，尚有存款 69114 元。2004 年 10 月，长子和次子的子女分割了存款中的 29522 元，尚

未分割的遗产有存单 19 张，本金共 39592 元。

6 个女儿因没有分得应得的遗产份额，便要求由她们分割尚未分割的遗产即存单 19 张的本金及利息。但长子不同意，认为尚未分割的也应按两份来分，由两个儿子来继承，6 个女儿不得继承。由于多次协商不成，2005 年 5 月，6 姐妹将兄长告上法院，要求确认黄某名下的存单 19 张的本金及其利息归她们按份共有。

遗产分配的不公平的情况经常会在不同的家庭出现。父母在进行分配时可能会更加偏爱自己喜欢的孩子或者是经济能力相对较弱的孩子。但是这也就导致了不公平现象的出现。如果父母们不用遗产来平均孩子们的收入，那么他们用遗产做什么呢？当父母按他们的想法分割财产时，他们所依据的道理又是什么呢?

有一种理论认为，父母们自己觉得给每个人一样多，在本质上来说是公平的。但是为了检验这个理论，我们需要在父母还活着的时候，更深入地了解一下这种对父母的赠予所进行的再分配，这些赠予包括教育、时间和关爱。不知道这种理论能否经得住检验。

在一个大家庭里，老大和老小在阅读和词汇测试方面都比他们的兄弟姐妹的表现要好得多。也许这是因为老大和老小都有那么几年受到像一个独生子那样的待遇。独生子的成就提示我们，时间和关怀是非常宝贵的，而且因为它们非常宝贵，父母常常把它们当作一种再分配的媒介，把更多的时间和关怀给那些没有多少天赋的孩子。

还有一种理论认为遗产就是一个错误。根据这个理论，父母会宁愿在去世之前，把所有他们得到的东西都花光。之所以会留下一些东西，唯一的原因是，死亡来得太突然。但是如果这种理论是正确的，我们应该会看到，老人会把他们所有的积蓄拿去买养老金，因为这会给他们的生活带来一份非常有保证的收入。但是，这种养老金的市场还是有限的，说明人们还是愿意在死后留下些东西。

一个非常聪明的人也许会说，与父母给予孩子们的其他礼物相比，遗产不是最重要的，这些礼物包括时间、关怀、教育，甚至还有现金。有时，这些礼物并不是十分平均地分配的。因此，这个聪明人认为，家庭的运作，也许仍然是像一个福利国家一样，即便遗产也不是用于转移支付的首选媒介。

从国际上看，发达国家政府对公平是非常重视的，通过财政转移支付的手段让全社会的差距保持稳定状态。目前我国对公平的重视程度有所提高，这是我们在看到发展成果时头脑清醒的表现。

大约一个世纪以前，西方许多被称为“福利国家”的政府制定了各种各样的转移支付计划，作为对抗社会主义者压力的堡垒。工业化之后民主的欧洲和北美，各国政府普遍提供了退休金、老人医疗保健、穷人住房补贴、失业伤残收入补偿、穷人工资补贴等计划。这些计划旨在拔掉“最贫困”这根芒刺。

半个世纪以后的 19 世纪末，西欧的政治领袖们采取了一些新措施，标志着政府在经济职能方面的历史性转折。德国的俾斯麦、英国的格拉德斯通和迪斯累利，后来还有美国的富兰克林·罗斯福等，都引入了政府对人民福利负有责任的新观念。

这就是福利国家兴起的标志。在福利国家中，政府调节市场力量以保护个人能应付某些偶然事件来保证人民有最起码的生活水准。但是减少贫困并非没有代价且充满争议。很大一部分政府预算已被用于收入支持计划，且这部分预算变得越来越大。半个世纪以来，税收一直趋于上升。平均收入的尝试在激励和效率方面会起到反作用。

今天，人们会问：为了把经济这块馅饼分得更平均，我们究竟需要牺牲这块馅饼的多大一部分？如何在国家不破产的前提下通过重新设计收入支持计划减少贫困和不平等？

遗产动机和经济政策常常会以某些令人吃惊的方式相互影响。一个赤字财政的减税效果会取决于大多数父母是无私的还是很有策略的。无私的父母会把减税省下的钱存起来，留给他们的孩子，因为他们的孩子肯定会在将来的某一天还清政府所有的债务；这些存款将使利率下降。而讲策略的父母会把减税所得的大部分都花光，这就会引起利率上升。

这种对财政政策的互动影响近些年来引起了经济学家们对遗产动机的关注。但是，研究遗产更深层次的原因是，它揭示了人们一些本能的公平感。这种本能的感觉是我们在经济政策各个方面最好的指导。

第三节

税收——从国家诞生开始

收入高的人为什么多交税

刘先生和赵先生是某公司的职员，赵先生是普通销售员，每月实发工资3500元。刘先生是销售经理，每月实发工资5000元。收入不同，所交的个人所得税也不同，刘先生每个月要比赵先生多交不少钱，这是为什么呢?

实际上，刘先生和赵先生缴纳的税种主要为个人所得税。个人所得税就是指国家对本国公民、居住在本国境内的个人的所得和境外个人来源于本国的所得征收的一种所得税。在有些国家，个人所得税是主体税种，在财政收入中占较大比重，对经济亦有较大影响。要说刘先生比赵先生多交很多税，还是要讲到累进税率。众所周知，税收的一个重要功能就是调节收入差距。其原则是从富人那里多征一点，用于帮助低收入阶层的教育、医疗、市内交通等开支。一般所采取的办法是累进税。

累进税率是随税基的增加而按其级距提高的税率，它是税率的一种类型。累进税率的确定是把征税对象的数额划分等级再规定不同等级的税率。即按照课税对象数额的大小，规定不同等级的税率。课税对象数额越大，税率越高；课税对象数额越小，税率越低。通俗地讲，就是谁收入越高，谁交的税就越多。它有利于调节纳税人的收入和财富。通常多用于所得税和财产税。累进税率对于调节纳税人收入，有特殊的作用和效果，所以现代税收制度中，各种所得税一般都采用累进税率。累进税率的形式有全额累进税率和超额累进税率。

（1）全额累进税率简称全累税率，即征税对象的全部数量都按其相应等级的累进税率计算征税额。

采用全额累进税率进行征税，方法简单，易于计算。但在两个级距的临界部位会出现税负增加不合理的情况。例如，甲月收入 1000 元，适用税率 5%；乙月收入 1001 元，适用税率 10%。甲应纳税额为 50 元，乙应纳税额为 100.1 元。虽然，乙取得的收入只比甲多1元，而要比甲多纳税 50元，税负极不合理。这个问题，要用超额累进税率来解决。

（2）超额累进税率。超额累进税率简称超累税率，是把征税对象的数额划分为若干等级；对每个等级部分的数额分别规定相应税率，分别计算税额，各级税额之和为应纳税额。超累税率的"超"字，是指征税对象数额超过某一等级时，仅就超过部分，按高一级税率计算征税。

例如，我国个人所得税的起征点原来是 1600 元，从 2011 年 9 月 1 日起是 3500 元，使用超额累进税率的计算方法如下：

交税 = 全月应纳税所得额 × 税率 – 速算扣除数

全月应纳税所得额 =（应发工资 – 四险）–3500

实发工资 = 应发工资 – 四险 – 交税

以上面所列举的刘先生和赵先生为例，赵先生应交个人所得税 =（3500–3500）× 15%–0=0 元；刘先生应交个人所得税 =（5000–3500）× 15%–125=100 元。刘先生比赵先生收入高 1500 元，就要多交 100 元的个人所得税。

累进税率的特点是税基越大，税率越高，税负呈累进趋势。在财政方面，它使税收收入的增长快于经济的增长，具有更大的弹性；在经济方面，有利于自动地调节社会总需求的规模，保持经济的相对稳定，被人们称为“自动稳定器”；在贯彻社会政策方面，它使负担能力大者多负税，负担能力小者少负税，符合公平原则。累进税的这些优点，决定了其为多国所采用。

对高收入人群累进税，再通过福利政策补贴给弱势群体，只不过是把一部分劳动者创造的剩余价值，返还给劳动者自己而已。这种情况，在发达国家更是普遍存在，因为任何收入都是劳动者创造的。法国的个人所得税税率实行高额累进制，即高收入者多交税，低收入者少交税。对单身工作者而言，其收入水平与相应征税率如下：

年收入在4191欧元以下者无须交纳个人所得税；年收入在4192~8242欧元，税率为7.05%；8243~14506欧元，税率为19.74%；14507~23489欧元，税率为29.14%；23490~38218欧元，税率为38.54%；38219~47131欧元，税率为43.94%；年收入超过47131欧元，税率为49.58%。

实际上，法国的个人所得税是按家庭来征收的，根据经济状况和子女多少不同，每个家庭所交纳的所得税均不同。法国法律规定，一位成年人的家庭参数为1，一个孩子的家庭参数为0.5，一对夫妇加一个孩子的家庭参数则为2.5。

举例来说，一对夫妇年收入为23026欧元，有一个孩子，家庭参数为 2.5，用收入 23026 欧元除以 2.5 为 9210.40 欧元。这一数额的征税率是 19.74%。按上述公式，他们应缴纳的税额应是：（23026 × 0.1974）-（1341.38 × 2.5）=1191.88。可是，当我们采取一定的政策去改变结果的不均等，就意味着对财产或者收入的再分配，必然要改变市场上已经产生的分配结果。就拿王先生和李先生来说，李先生凭着自己的能力和突出的工作表现获得的优势被淡化了。如果只靠这一个手段，这个社会就没办法进步了。有人刚富裕点，就有人提出来平均分配，这个社会没办法讲效率，没办法发展。所以，国家也非常重视这一点，一方面用累进税进行调节，另一方面国家也重视从根本上解决问题。

谁是税收的最大贡献者

纽约的史密斯在沃尔玛超市购物，他挑了一件质地不错的夹克，标价 100 美元。在付账时，收银员向他要了 108 美元。在给他的小票上标明，这 108 美元中，包括 8% 的销售税。同样的情形史密斯在其他州也经历过，不过，当时征收的是 6% 的零售销售税。

在美国和欧洲的一些国家，顾客是要按“标价乘以税率”的模式支付相应的销售税的。史密斯可以依据小票，及时、准确地了解自己在这次购物中缴纳了多少税款。后来，史密斯来到北京旅游，并在一家大型超市里采购。可是，当他看到自己的小票时，却发现上面除了他所购买的货物的价格和数量外，平日习惯看到的税率没有了，于是他产生了一个疑问：在中国购物，消费者不用支付销售税吗？家住青岛市台东附近的路佩华老人不会上网，但10元钱的购买力，她一进农贸市场便感受到了。以前14元一斤，现在13元一斤，她割了10元钱的五花肉。每斤便宜一两块钱，对这位退休工资不到两千块钱的老人来说还是很有吸引力的。

不过，在万福肉类食品公司总经理田柏兴眼里，从生猪宰杀到销售，国家免除了屠宰税，还有一定补贴，但是加上17%的增值税和七八种地税，每斤五花肉从加工到销售环节税费达两三元钱，算到路佩华头上，相当于少买了二两肉。

大米、肉、鸡蛋、水果……这些市民经常买的生活必需品里含的都有增值税。这些不在价签上标注的税叫“间接税”，在生产和流通环节就已缴纳，被企业纳入成本，最终计入商品价格中，俗称“隐形税”。间接税——“直接税”的对称，政府税收的其中一个分类，是指纳税义务人不是税收的实际负担人，纳税义务人能够用提高价格或提高收费标准等方法把税收负担转嫁给别人的税种。

在中国，商品在生产、运输、流通、消费的每个环节都要交税，甚至在销售环节的批发、分销、代理，每增加一个流通环节就要交税，不管是馒头还是飞机、大炮。比如一个馒头，从馒头加工厂流到饭店，从饭店再到食客嘴里，增值税和营业税就各收了一遍。中国增值税比例占到了国家财政收入的60%，而在欧美增值税所占比例最高的法国，这个数字只有 45%。

每天市民饮用的自来水中便包括增值税、城建税和教育附加费，而日常消费中的流转增值税税率在 15% ~ 17%。以此估算，一位市民每月个人消费 2000 元左右，承担的间接税高达 200 元以上，与一个月收入 4000 元的纳税人个税数额相当。

在经济学上，这里还涉及一个“税赋归宿”的概念。它是指一项税收最终的经济负担者。在这里要指明，它是相应于法定纳税人而制定的。之所以这样规定，是因为最终的税收负担者和法定纳税人有时候并不一致。也许有些人对此还有些迷惑。以个人所得税为例，工薪阶层对于它是非常熟悉的，其纳税人自然是有一定工薪收入的个人，而它的税收负担者不也正是这个人吗？是的，在这种情况下，两者是一致的。有一份研究报告指出，在我国，假如 1 袋 1 公斤的盐价格为 2 元，其中就包含大约 0.29 元的增值

税和大约0.03元的城建税。而每瓶3元的啤酒包含大约0.44元的增值税、0.12元的消费税和0.06元的城建税。如果你花100元买了一件衣服，其中包含14.53元的增值税和1.45元的城建税。如果花100元买一瓶化妆品，其中除14.53元的增值税外，还包含25.64元的消费税和4.02元的城建税。

如果你吸烟，每包烟8元，其中大约4.70元是消费税、增值税和城建税。如果去餐馆吃饭，最后结账时不论多少，餐费的5.5%是营业税及城建税。你如果使用一次性木筷，还会包括些许消费税。你去理发店理发，同样，费用的5.5%是营业税及城建税……总之，一个人只要生活在社会中，只要有购买行为，就免不了交税。按照我国税法，商家是要缴纳增值税的，此时商家是法定的纳税人。然而，此刻的实际税收负担者却往往是消费者——他们所承担的数额就包括在所消费的东西的价格里。只不过，在消费者的小票上没有标明而已。在经济学上，这种行为被称为“税负转嫁”。其实，我们打电话时交的话费、用电时交的电费等，里面都含有税，只是在目前，我国给予消费者的收据上都未曾注明。

在这里需要指出的一个原则是，“只要消费，就会纳税”，我们每一个消费者都是纳税人。现在我国共有22种税（包括增值税、消费税、营业税、企业所得税、个人所得税、资源税、房产税、城市维护建设税、城市房地产税、城镇土地使用税、土地增值税、耕地占用税、车辆购置税、车船税、契税、印花税、烟叶税、关税、船舶吨税等）。在这些名目繁多的税当中，有些是由个人上交的，有些是由企业上交的。

税收负担者和纳税人并不一致，作为实际的税收负担者，消费者不知道自己纳了多少税。纳税人经常是通过消费活动来纳税的，但是由于交纳的税金隐藏在商品之中，纳税人不但不知道早已在消费活动中到底纳了多少税，有时候，甚至连自己是不是纳税人都不知道。像在超市买衣服，就有不少人错误地以为自己根本就不是纳税人。

如果要真正改变在商品税中消费者纳税被模糊的情况，就需要改变税制结构，这并非一日之功。不过，如果在商品销售中给消费者的发票能够注明哪些是价格、哪些是税负，消费者就会清楚地了解自己的消费中有多少支出是用于国家税收。这对于培养、普及整个社会的纳税意识是有好处的。

取之于民，用之于民的税收归宿

税收负担是指纳税人承担的税收负荷，亦即纳税人在一定时期应交纳的税款，简称税负。从绝对额考察，它是指纳税人交纳的税款额，即税收负担额；从相对额考察，它是指纳税人交纳的税额占计税依据价值的比重，即税收负担率。税收负担具体体现国家的税收政策，是税收的核心和灵魂，直接关系到国家、企业和个人之间的利益分配关系，也是税收发挥经济杠杆作用的着力点。

粘蝇纸理论是关于税收归宿方面的问题，当对一种产品征税时，比如对汽车征税，对谁有影响呢？有两种解释，一是购买汽车的人，二是制造汽车的工人。如果你认为谁交税就只对谁有影响，这就是粘蝇纸理论，也就是税收负担就像粘蝇纸上的苍蝇，被粘在它落地的地方。但有些人认为对汽车征税会对制造汽车的人有影响，会加大制造汽车的工人的负担。因为汽车特别是高档汽车是有钱人才能买的（或者你可以想成是奢侈品的什么东西），当对汽车征税后，有钱人用别的东西代替汽车比如飞机来满足自己，这样汽车的销量就会下来，厂商就会减少汽车的生产，带来的结果是工厂减员，工资下降，因此看来是对富人征的税对工人产生了影响，也就是苍蝇（负担）没被粘在它落地的地方了。

很多人认为这个理论不正确，只是经济学家的戏称。它常被用来说明一些政府人员说为减少贫富不均，要对富人买的东西征税，但许多经济学者认为奢侈税反而拉大了贫富差距，与制定这项政策的初衷大相径庭。假设一个25岁的人打算储蓄100美元。如果他把他的钱存入储蓄账户赚取8%的利息，并一直留在账户上，那当他65岁退休时就会有2172美元。但如果政府对他每年赚到的利息收入征收14的税，有效利率只是6%。赚6%的利息40年后，100美元只增加到1029美元，甚至小于没有税收时原本可以得到的一半。因此，由于对利息收入征税，储蓄的吸引力就小多了。长期以来香烟都是要被征收销售税的。随着禁烟运动的影响力日益扩大，许多州政府和地方政府都提高了香烟的销售税。政府官员们把对香烟征收高额的销售税看作一举两得：既提高了政府收入，又遏制了恶习。2002年纽约州政府和地方政府把每盒香烟的销售税从1.19美元提高到了3美元。

但是种植烟叶的州没有跟随这个潮流。例如弗吉尼亚州的香烟税只有每盒2.5美分。这种税收差距为那些不怕违法的人创造了机会：出现了从这些税收低的州向税收高的州大规模走私香烟的现象。

政府当局相信州际香烟走私和禁酒时期的酒走私一样，在很大程度上是通过有组织的犯罪来进行的。但也还是有规模稍小一些的团伙：2000年6月，FBI破获了一个设在北卡罗来纳州查洛特市的团伙，这个团伙把自己的利润输送给了美国政府认定的一个恐怖组织。因此从这种意义上来说，税收负担无疑成为了落在粘蝇纸上的苍蝇，因为它会导致只有罪犯会去贩卖香烟的现象发生。

在中国曾发生过影视明星因偷税漏税而锒铛入狱或逃往国外的事情，可见税收制度在缩小社会贫富差距上对富人和高收入者的“个税”甚为“严格”，别以为这样，税收就跟自己没有多大关系，其实，各个国家因为税收制度的不同，对各国民众生活水准的影响是不同的，但总而言之，税收负担最终会落到每一个人的身上。

国内有一个有趣的现象：随着改革开放以来，国人的生活水

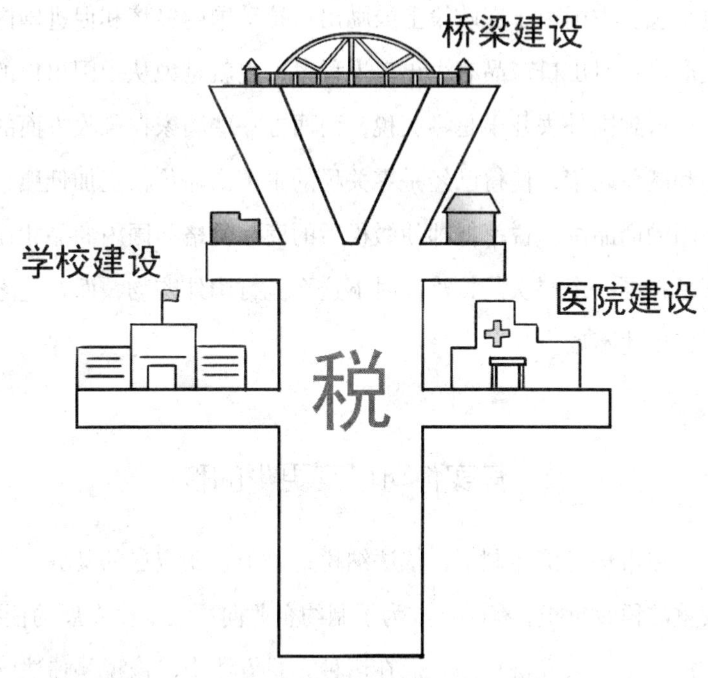

平迅速得到了改善提高，出国旅游、购物、留学也成为时尚，也成为一种潮流，可你是否发现，每每出国回来的人无不是热衷于国外的商品购物消费，而其中很多商品在国内并不少见，可这些人为什么喜欢拿着票子千里迢迢地跑去国外拉动消费呢，甚至有时买回来的只不过是在国外转了一圈的“中国制造”。

为什么会出现这种现象呢，这其中很重要一个原因就是税收的“杠杆作用”。因为税收的缘故，有时一件商品在国内和国外会有巨大的价格差，当这些去国外购物的人看到这巨大的价格差时，本不算鼓的钱包暂时也鼓了起来，于是，不知不觉就买来大包小包。中国由于在政策上鼓励出口拉动国内经济和促进国内就业形势，对出口产品有个出口退税率，也就是说从中国出口的产品出口到国外去几乎是零关税，而西方一些国家在税收方面的优惠和减免政策，使得已经是零关税的中国商品价格更加低廉，而外国的商品由于税率低即使缴税后的商品价格与国内商品相比也不是在同一个层次的，难怪时下这么流行国外购物，而且趋之若鹜，乐此不疲。

其实你可以交更少的税

在市场经济体制下，依法纳税是每个企业应尽的义务，但是较重的税收负担，有时又成为了制约企业向更大规模发展的桎梏，也加重了个人经济负担。而在诸种方式方法中，偷税是违法的，要受法律制裁；漏税须补交；欠税要还；抗税要追究刑事责任，唯有合理避税，既安全又可靠，自然就成为首选的良策。年关将至，在一家民营公司上班的小赵又开始苦恼。去年的这个时候，公司陆续开始发放年终奖，公司去年发放的年终奖包含有资合信的商通卡 10 张，每张面值 1000 元。这种购物卡虽说也可以在市内的大部分商场消费，可是这种被迫消费让小赵很郁闷，他还想存钱买房呢。

与小赵的烦恼不同，张先生却成了网络上所流传的“发票奴”。他找了所有的亲朋好友帮他搜集吃饭时的发票、电话充值卡的发票以及在商场购物开的具名“办公用品”的发票。这些，其实都有一个共同的目的，就是公司为了给个人少交点个人所得税，要求大家用发票来报销或是直接去购买购物卡发放福利，公司财务可以做账为税前开支。事实上现在白领阶层已经有了税收筹划的需求，也就是通俗意义上说的“避税”，但“避税”不是偷税、漏税，这不能混为一谈。

避税是指纳税人利用税法上的漏洞或税法允许的办法，作适当的财务安排或税收策划，在不违反税法规定的前提下，达到减轻或解除税负的目的。对个人而言，就是指根据政府的税收政策导向，通过经营结构和交易活动的安排，对纳税方案进行优化选择，对纳税地位进行低位选择，从而减轻纳税负担，取得正当的税收利益。具体地说，个人在纳税前，经过一些人为的调整，从某一具体的税法规定管辖或所在的税收管辖地区，转移到税负较低的另一税法规定管辖或其他的税收管辖地区，以减轻税收负担。

说到税收筹划，肯定不少人都有自己的一些小窍门，常见的有原本一次性支付的费用，通过改变支付方式，变成多次支付，多次领取，就可分次申报纳税；又如对于劳务报酬收入，可由雇主向纳税人提供伙食、交通等服务来抵消一部分劳务报酬，可适当降低个人所得税。除了这些常用的税收筹划方法，在我国现行的税法中还有不少优惠政策，若是平时注意到这些小窍门，也可为自己节省一笔不小的开支。那么具体而言，个人如何在不触犯国家法律的基础上合理避税以达到节支目的呢？

1. 多交住房公积金

根据我国个人所得税征收的相关规定，每月所交纳的住房公积金是从税前扣除的，也就是说住房公积金是不用纳税的。而公积金管理办法表明，职工是可以交纳补充公积金的。也就是说，职工可以通过增加自己的住房公积金来降低工资总额，从而减少应当交纳的个人所得税。利用公积金避税不是一件新鲜的事情，只是公积金不容易自由支取，采取公积金避税的朋友需要注意这一点。

2. 投资货币市场基金

对于手上有闲散资金的人来说，不少人习惯把钱交给银行保管，但随着利息税的征收，这也不再是件划算的事。而投资货币市场基金则不一样，除了能够获得比活期存款更高的利息之外，获得的利息不用交纳个人所得税，同时能够保证本金安全。

不光货币市场基金如此，所有的基金向个人投资者分配股息、红利、利息，都不再代扣代交个人所得税。同时个人投资者买卖股票、期货或者基金单位获得的差价收入，按照现行税收规定均暂不征收个人所得税。

对于稳健的投资者来说，投资国债能够获得长期稳定并且安全的收益，投资企业债券不但要考虑税收成本，而且要考虑风险。个人投资企业债券取得的利息，需要交纳20%个人所得税，而国债和特种金融债券可以免征个人所得税。尽管目前股市低迷，但买卖股票和期货，从中赚取的差价收入无须交纳个人所得税。

3. 教育储蓄和保险投资

若是进行其他投资，不仅风险系数较大，同时免不了股息、红利等个人所得税。与众储蓄品种比较，免缴利息税的教育储蓄就变成了理财法宝之一。它可以享受两大优惠：一是在国家规定“对个人所得的教育储蓄存款利息所得，免除个人所得税”；二是教育储蓄作为零存整取的储蓄，享受整存整取的利率。相对于其他储蓄品种，教育储蓄利率优惠幅度在25%以上。

在一些保险公司的险种推销中，避税也是其一大卖点，需要避税的朋友可以考虑此类险种。同时需要指出的是，在投资分红类保险中，保险收益也无须交纳20%的个人所得税。保险投资亦

有优惠。

居民在购买保险时可享受三大税收优惠：一是企业和个人按照国家或地方政府规定的比例提取并向指定的金融机构交付的医疗保险金，不计个人当期的工资、薪金收入，免交纳个人所得税。二是由于保险赔款是赔偿个人遭受意外不幸的损失，不属于个人收入，免交个人所得税。三是按照国家或省级地方政府规定的比例缴付的医疗保险金、基本养老保险金和失业保险基金存入银行个人账户所取得的利息收入，也免征个人所得税。

在荒年为什么要减税

历史上，遇到灾荒、疾病等收成不好的年份，明智的政府管理者会实行一定的减税政策。如北宋末年司马光进行税收改革时让农民在青黄不接的歉收时节少纳税，甚至可以向政府借粮种——只要日后一起还了就行。荒年减税，一方面可以减轻民众的压力，避免不满情绪的集体性爆发；另一方面，又可以使民众手里本来不多的钱粮还有剩余，刺激社会经济。

减税（又称税收减征），是按照税收法律、法规减除纳税义务人一部分应纳税款。它是对某些纳税人、征税对象进行扶持、鼓励或照顾，以减轻其税收负担的一种特殊规定。与免税一样，它也是税收的严肃性与灵活性结合制定的政策措施，是普遍采取的税收优惠方式。由于减税与免税在税法中经常结合使用，人们习惯上统称为减免税。减税一般分为法定减税、特定减税和临时减税。

2012 年 3 月 21 日，英国政府公布了自 4 月 1 日起的 2012 财年预算报告。报告包括了一系列减税方案，使英国中低收入者和高收入者个人所得税负担均有所减轻。

在剔除通胀因素后，上述举措将使低收入者一年内至少可少缴约 170 英镑个税。新预算规定，个税起征点在今后几年内将逐年递升，目标是到 2015 年，将个税起征点提高至年收入 1 万英镑。一旦个税底线升至 1 万英镑，意味着每个低收入者每年将少缴个税约 250 英镑。英国政府将从 2013 财年开始，对年收入高于 15 万英镑者征收的个人所得税率由目前的 50% 降至 45%。

英国财政大臣表示，减税计划将使所有中低收入家庭受益；报告同时将当年英国经济增长预期由 0.7% 上调至 0.8%；并计划在 2012 财年将政府净借款额削减至 1200 亿英镑，2013 财年进一步减至 980 亿英镑。在欧债危机仍旧在继续恶化的时期，英国采取这一系列减税的措施目的就在扩大外来投资。在政府工作报告中，英国政府目标明确：英国的税务体系在 G20 中最有竞争力，使英国成为欧洲最佳的创业和投融资场所；通过鼓励投资和出口使经济结构更加平衡；拥有在欧洲最灵活且受教育更高的劳动力。

为加大对跨国公司在英国设立总部的吸引力，该预算案还将改变对英国企业海外子公司利润的征税方法。2012 年起，海外子公司金融活动的利润可以只交5.75%的税，相当于原来的1/4。

如果能够减税，那么就增加了收入预期，从而保证金融机构第一还款来源的稳定性和资金安全性。减税可以加大收益预期，促进民间资本的有效投入，有效促使中小企业的技术升级和转型，更加高效地投入竞争，维护市场的均衡状态。

减税之所以会具有扩张效应，是因为税收是价钱的组成部分，在价钱必然的前提下，税额的多少会直接或间接影响企业可支配利润的多少。税负的凹凸会直接影响利润率，从而影响社会投资的积极性。

第五章

经济周期：看懂经济大势，守住自己的钱

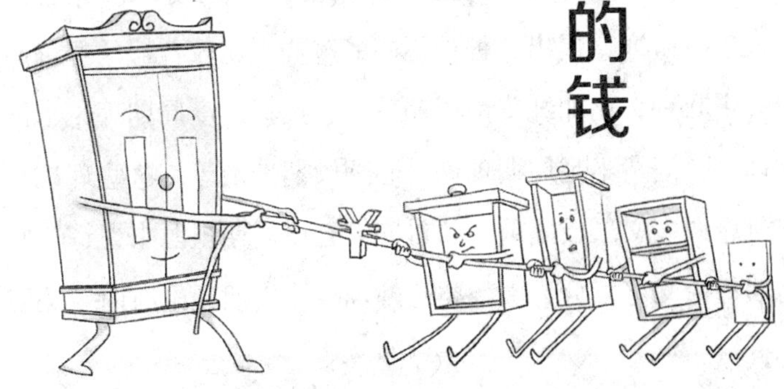

第一节

经济周期——利用经济的枯荣赚钱

世界经济周期的大杂烩

寻找经济现象背后的规律是经济学家们都喜欢做的事情。纵观历史，经济似乎有规律地交替着繁荣和衰退，这看似存在的规律，经济学家们就命名为“经济周期”。经济周期，顾名思义就是经济会周而复始地经历繁荣、衰退、萧条、复苏以及再繁荣的循环。假如经济周期真的存在，我们总有一天会找到其背后的决定因素，从而改变其发展趋势，比如延长繁荣期、缩短衰退期、避免萧条期，使其朝最有利于我们的方向发展。

那么，为什么会出现经济周期呢？西方经济学家多年来已经进行了大量的研究，提出了种种不同的解释。比较普遍的经济周期理论有十几种，比如纯货币周期理论、投资过度周期理论、创新周期理论、消费不足周期理论、心理周期理论等。这些理论都出现在凯恩斯主义形成之前。从对回答经济周期根源来说，这些经济周期理论又可以分为两大类：外生经济周期理论与内生经济周期理论。

外生经济周期理论的主要观点是：经济周期的根源在于经济之外，代表性的有创新理论、太阳黑子理论、非货币投资理论、政治周期理论等，分别用创新性、太阳黑子变化、投资过度、政治调控等解释经济周期。除此之外，还有用战争、革命、移民、偶然事件等。这种理论强调引起这些因素变动的根本原因在经济体系之外，且外生因素本身不受经济因素的影响，但是也不否认经济中内在因素的重要性。

和外生经济周期理论相反，内生经济周期理论主要在经济体系之内找原因。一方面，这种理论强调经济中这种周期性的波动是经济体系内的因素引起的；另一方面也不否认外生因素的作用。内部因素的自发作用，就会使得每一次繁荣都为下一次萧条创造了条件，从而自发地运动引起经济的周期性波动。代表的有货币理论、

心理理论和消费过度（不足）论等。

内生经济周期理论学派之间千差万别，但都有两个共通点：一，都强调内生因素，也就是经济因素是引起经济周期的关键。外生因素虽然也会给经济带来一定冲击，但是必须通过内生因素来起作用。现代经济周期理论用国民收入决定理论来解释经济周期，因此从这种意义上说，也属于内生经济周期理论。二，都强调了经济周期在市场经济中存在的必然性。

凯恩斯主义宏观经济学以国民收入决定理论为中心，主要有以下几个特征。

首先，以总需求分析为中心，引起国民收入波动的主要原因仍在于总需求，因为总需求决定了国民收入的水平。

其次，消费在总需求中占有相当大的比例，但现代经济学家的理论与经验研究表明，长期来看消费是相当稳定的，尽管短期的消费变动诸如耐用品的消费变动，也会对经济周期产生一定影响，但长远来看，这种影响并不构成周期变动的主要原因。人为控制的因素方面所占的比例很小，因此影响也不大。这样一来，投资的变动似乎就成了经济周期的主要原因了。

综上所述，凯恩斯主义经济周期理论是围绕投资分析展开的，要对投资变动的原因及其对经济周期的影响进行分析。凯恩斯主义的经济周期理论虽然分析的方法与众不同，分析的角度和得出的结论也不同，然而出发点都是凯恩斯关于国民收入决定的分析。如美国经济学家萨缪尔逊分析投资与产量之间的相互关系如何引起周期性波动的乘数—加速原理相互作用理论，以及英国经济学家卡尔多对事前投资、事后投资、事先储蓄和事后储蓄之间的差异如何引起经济周期的研究等，都是从凯恩斯的储蓄—投资关系出发的。

货币主义与理性预期学派是除了凯恩斯主义之外的不同经济周期理论学派。货币主义者从货币量变动对经济的影响来解释经济周期，强调的是货币因素的作用。而理性预期学派更同意预期失误是主要原因。此外，提出过经济周期理论的还有激进政治经济学派、新自由主义者等。

新一轮的世界经济周期面临的长期结构性问题累积下了大量风险，因此经济调整是避免不了的了。但现在看来调整幅度的不确定性还很大，一方面，有可能出现温和调整和局部衰退的局面；另一方面，一旦多种不利因素叠加起来，硬着陆的风险就很大，可能会引发全球性经济危机。据新华社国际报道，渣打银行认为全球经济正处于长期持续高增长的第三个“超级周期”，这是不可否认的，尽管西方国家目前觉得前途渺茫，而当前的超级周期是由亚洲引领的，最大受益者将是中国。总体来看，世界经济增长在未来一段时间内面临的不确定因素很多，潜在风险增多。作为发展中大国的中国，我们自身在经历一段高速增长之后就面临了大量的中长期结构性问题，进一步加大宏观调控的难度。因此我们就更应该冷静判断国内外形势，加强国内国际两个大局的统筹，根据世界经济走势进行宏观调控。

房地产作为经济周期之母

城市化的进程往往会伴随房地产的巨大发展，在过去几百年的房地产的巨大发展当中，也经历过几次房地产泡沫，而每一次泡沫的产生与破灭都会带来经济的大衰退。20世纪20年代中期，美国经济进入短暂的繁荣期，建筑业日渐兴盛。佛罗里达州由于地理位置优越，出现了前所未有的房地产泡沫。棕榈海滩上的一块在1923年值80万美元的土地，到1924几乎翻了一番，到1925年就已经窜到了400万美元，出现了一股炒卖房地产的狂潮。连一向保守冷静的银行界也在这种狂潮的催动下纷纷加入炒房者行列。好景不长，随着1926年佛罗里达房地产泡沫的迅速破碎，许多企业家、银行家纷纷破产。这次房地产泡沫的破碎，也间接引发了20世纪30年代世界经济危机。当前房地产行业受到了

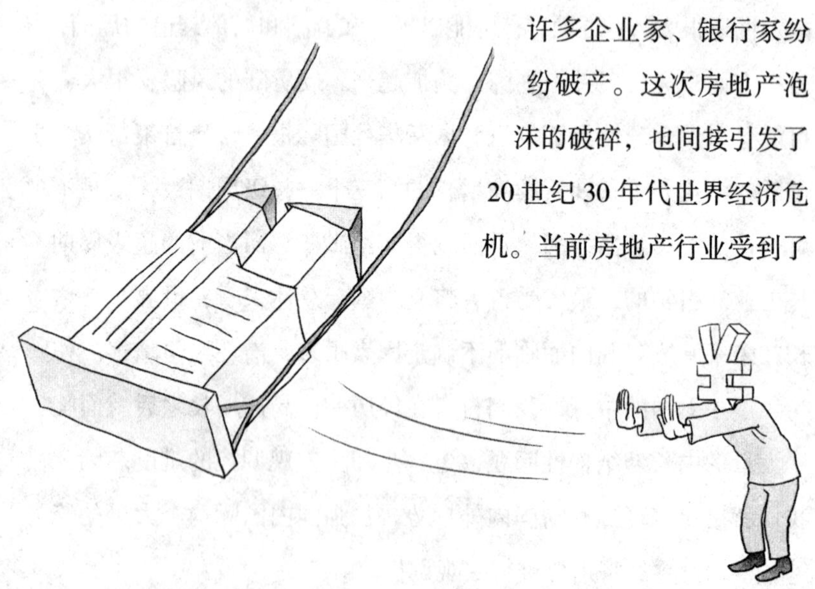

前所未有的关注，房价问题成了人们日常讨论的热题。长期以来房地产业都充当着我国经济发展的火车头，拉动了一大批产业的发展。显然，当今的房地产行业的发展早已远远超出人们传统居住的想法，已经影响到了我国经济发展的质量和速度。

曾经有个著名的专家提出过一个“四合院—黄金”理论，将房子与黄金做比较，看哪个的经济效益高。显然，在中华人民共和国成立后，伴随着中国城市化进程的持续，处于第三次人口生育高峰、多方力量参与炒作的情况下，房价上涨势头迅猛，房地产也就自然成了财富增值的香饽饽。那么黄金的作用又是什么呢？它是家庭财富的最后保障线，是最后的硬通货。试想一下，但凡世界上发生大动乱或经济危机，不管是 20 世纪 70 年代初的全球能源危机，还是美国的“9・11”恐怖袭击事件，甚至是利比亚战争和美国债务危机问题，无一例外都会引起黄金价格的上涨。所以说，作为资产保值的工具，黄金和地产各有各长处。不同的是，乱世应该选黄金，而太平盛世的话，房产比黄金的增值空间大。

我们都知道，过去 10 年里有很多炒房客都发了一批横财，下面这个例子可以很好地解释这种现象。假设小王 2005 年在北京较繁华地带买下了一套 100 多平方米的房子，当时大概需要 100 万元，但是到了 2007 年，这套房子就涨到了大约 200 万元。那么在短短两年间，小王的房产价值增加了 1 倍，净赚 100 万元。

再来算算另一条数，2005 年的时候房产还没有限购，从银行贷款买房，首付最低的时候也只需要 20%。那么假如 2005 年的时候小王并不是全款买下房子，而只是缴纳 20% 首付去购买房子，这样一来他就能买到 5 套。同时还需要在银行贷款 80 万元一套房子 ×5 套 =400 万元。到了 2007 年房价同样涨到了 200 万元，这时小王能挣到多少钱呢？不算银行贷款利息的话，同样是每套房子价格涨了一倍，每套可赚 100 万元，5 套就是 500 万元。相比全款购房，小王的财富增加了 400%。这种财富增长方式，就叫作财务杠杆。也就是说，假如首付只有 20%，房价每上涨 20%，小王的财富就能增长一倍。过去 10 年，正是由于炒房者善于利用财务杠杆以小博大，所以在房产投资上能够获利巨大。财务杠杆就是炒房者的财富支点。

当然，有涨有跌是经济的自然规律，财富的回报是公平的，房价不可能一直暴涨，涨得越多，跌得就越惨痛。用贷款炒房本身就包含巨大的风险。财务杠杆的特点是，挣钱的时候，财富增长飙升迅速，然而一旦赔钱了，财富的消失也同样快。同样是只需要缴纳 20% 的首付，与上涨 20% 财富就能翻番相对应，房产价格每下跌 20%，交纳的首付款就会赔完。而一旦下跌超过 20%，卖了房子不仅拿不回首付款，还得倒贴钱补回银行的贷款。但是在过去的 10 年里，基本就没听说过有人炒房赔钱的，因为房产价格始终在上涨，没有一点暴跌的迹象，到底是为什么呢？

这就要从房地产的需求与供给的关系说起。一般来说，房地产的需求主要有两种：第一种为刚性需求，也就是人们的住房需求，这是必需的；第二种就是投资需求。对应地，房地产的供给也有两种：第一种是政府投资兴建的政策性保障住房，主要解决低收入人群的住房问题；另一种就是开发商开发的商品房。从住房需求看，人口结构年轻化的国家，住房需求会比较旺盛，因为正处于生育高峰期；而处于人口老龄化的社会，由于出生率比较低，需求就会相对较少；投资需求主要是看房屋价值与价格的关系，受人们预期的影响。当人们普遍感到房子的价格偏低，预期到有升值的趋势时，出于投资需要购买住房意愿就会比较强烈。供给方面，开发商的供给会受到多方面因素的影响，因而供给的变动性会比较大。每当出现比较突出的供需矛盾的时候，房地产价格往往会急剧攀升，这时为了抑制房价上涨过快，就要加大供给力度，尽量保障人们的住房需求。

3年前的冷热门专业互换大变身

高考填报志愿是人生的一件大事，很多人的第一反应都是奔着热门专业去。在很多家长和学生心中，热门专业似乎就是和工作直接挂钩的，事实真的如此吗？有关专家表示，职业的冷热会随着不同时期的经济发展需求与人才供需关系的变化发生变化，导致的必然结果就是专业的相对冷热。比如前些年颇受冷落的机械、师范、园林等专业，如今却摇身一变，成了抢手的“热门”专业。因此，高考完填报志愿选择专业时，不应盲目跟随“热门专业”的大流，而应根据社会经济发展的大趋势，结合自身的能力兴趣慎重选择。

曾经有人做过采访，发现在短短三年之内，部分冷热专业就来了个互换大变身：3年前考大学时还是冷门专业的，毕业时反而成了热门，而有些热门专业则沦落成了冷门。

专业一：国际经济贸易。

大变身：当时热门，如今难进外贸公司。

南京理工大学就业指导中心负责人董春秋表示，3年前的国际经济贸易专业是绝对的热门。单单就南理工来说，该专业的录取分数线就以接近600分的绝对优势比省控线高出40多分。因为当时中国刚入世，外贸企业增多，大家就以为学习国际经济贸易的话，毕业后就能很轻易地进入外企和老外做生意。然而与家长和学生理解的内涵不同的是，目前的情况显示社会更需要的是外贸类人才。而所谓的外贸类人才指的就是有工作经验，能帮助公司谈到大单子的人才，这类人才往往是成熟型的，应届生往往是不予考虑的。

专业二：计算机专业。

大变身：当时的热门，现在不少人都去卖计算机。

新兴专业曾经都是高考录取成绩较高的专业，如计算机应用技术、电子商务等。但是现在，尽管这些专业的分数线依然很高，但是从该专业毕业出来的学生已经发现市场需求与自己所学到的明显脱节。比如说，企业要求熟练掌握的一些软件，某些计算机

应用专业的毕业生却连名字都没听说过，最后只能去卖计算机。南京航空航天大学就业指导中心负责人称，现在企业真正需要的是计算机类的高级人才，或者有财会或经管等专业背景的计算机人才。所以虽然计算机类人才还算吃香，但是应届毕业的本科生，顶多也就算个计算机劳动力。

专业三：学前教育。

大变身：当时冷门，现在三四个单位抢一个学生。

在南京晓庄学院举办的一个校园招聘会上，学前教育专业毕业生分外吃香，几乎每位毕业生的手上都有三四家单位的签约合同书。

毕业的76名学前教育专业学生中，本科生只有一半，另外一半还只是专科。来要人的单位仅南京就有 10 多家，外地来的都是大公司，有的公司甚至一来就要 20 多人。然而 3 年前招生时，该专业的录取线是最低的，不仅这样，还有不少人是“服从分配”过去的，因为报的人实在不多。

学前专业就业火爆离不开这两年社会的发展。在以前，幼儿园对老师的要求很简单，会跳会唱就基本差不多了。但是随着家长对孩子学前教育的重视，老师的道德素养、教育能力、有没有经过正规培训变得尤为重要。这样一来，该专业的大学毕业生自然供不应求。

专业四：造纸。

大变身：当时冷门，现在基本都签约。

该专业所属南京林业大学化学工程学院院长洪建国介绍说：“这个专业供需比是 1 ∶ 15，学生哪用愁分配。”为了招到更多的学生，每一年都有纸业生产厂家和他们早早联系好了。国内有造纸专业的高校仅 10 家左右，其中又只有 4 家该专业的历史是比较悠久的。在国内大型的造纸企业还是新兴行业，极度需要大量专业人才，而在每年能够提供的专业人才不足千人的情况下，该专业毕业生怎么能不吃香呢？然而据了解，当初填报志愿时，也有不少学生是“服从”到该专业去的。

对于专业的冷热门问题，有关专家认为，考生首先应该对自己有个清晰的认识，想想自己究竟适合什么样的工作，擅长哪个方面，并不是所有热门专业都是好的，也不是每个热门专业都是适合自己的。真正清楚自己的长处和兴趣所在，才能正确地做出选择。

专业的冷门还是热门是由市场供求决定的。如果在就业市场上，某个专业的毕业生供不应求，则该专业就是典型的热门专业，该专业的学生也不愁找不到好工作，这样必将导致更多的人去报读这个专业。然而，市场的调节作用是有时间滞后效果的，几年之后，当大批攻读这个专业的学生毕业之时，市场对该专业学生的需求早已经得到满足，那么这些毕业生则将面临供过于求的局面，从而很难找到一份待遇和发展前景都比较不错的工作。反之亦然。

对于广大考生来说，选择冷门或是热门专业则要考虑到更多的因素。比如说有些热门专业，如果自己对它缺乏兴趣爱好，或性格、气质类型不合，哪怕社会上再吃香，也不必去硬挤。

另一方面可以从辩证的观点来看，冷门专业往往由于考生问津不多，而且通常能力强的人都去竞争热门专业了，所以相对竞争力不强。但是如果你具备一定的实力，又恰好对这方面的专业有兴趣，一来你选报“冷门”可以大大增加录取的概率，二来入学后也比较容易在所学专业上有较大发展。因此，填报专业时不要光看名称判断是否热门，一味追求“热门”，要知道适合自己的才是最好的。另外，有些专业虽然不是热门，但是假如在某一所院校中是特色专业，师资力量强、教学设备全、专业特色鲜明，并且在国内同类专业研究和教学中居于领先地位，也可以是我们选择的好对象。

通过反周期缩减开支保护现金流

春夏秋冬，四季交替。对于每一个行业来说，它的运行也是有一定周期可循的：谷底—复苏—成长—高峰—衰退—萧条—谷底—复苏……

这种经济周期的循环是周而复始，永不停止的。人们要学会掌握经济周期的规律，并利用其规律来采取行动，以达到趋利避害的目的。

众所周知，宏观经济政策一般都是反周期而行的，这样才能够达到平滑经济周期的作用。具体来讲，当一个经济体的增长速度较快，经济发展较好时，宏观经济政策则倾向于从紧。这样的话，经济发展的速度不致过快、过热，以使经济能够相对平稳地发展。反之，当一个经济体的增长速度较慢，也就是增长速度开始减慢

时，宏观经济政策则是适度宽松的，因为这样能够让经济增速的回落变得更加温和一些，不致让市场一下子承受太大的压力。而且，这种适度宽松的宏观经济政策有的时候还能够对市场放出积极的信号，一旦这种预期达成共识的话，那么市场就有可能迎来较大规模的反弹行情。

也就是说，这种反经济周期政策能够在市场行情过热的时候给经济适当减速，在市场行情过冷的时候给经济适当加速。

对于一个企业来说，能不能“聪明”地利用反周期来制定企业运行发展的相关政策，并顺利施行这些政策，是决定这家企业能不能逆流而上，在经济低潮期绝境突起的重要因素之一。

对于企业经营者来说，在经济周期衰退的时候还没有处理掉手上的大量库存是一个有代表性的错误。全球五百强企业思科公司的经营者在其公司发展历史中就曾犯过这样的错误。在经济衰退期到来之际，他们非但没有减少产品的生产，反而增加产品的生产并且积累存货。这么做会为他们带来多么糟糕的后果是很显而易见的。反之，如果企业在预期到经济将要复苏的时候，手上没有大量的存货，而且在生产跟不上的时候也会经常导致企业输在了起跑线上。

在这点上，著名的芯片制造商英特尔的行为简直可以称得上是人们的表率。英特尔是一家利润很高的公司，半导体行业周期中的衰退和低谷时机给英特尔人带来了机会，使其能够得以持续开发新的产品。这样一来，英特尔就在下一轮的经济扩张中获得了更有利的地位，从而赢在了起跑线上。具体地说，2001 年，经济衰退，各行各业几乎都受到了很大的影响。然而，英特尔公司运用反周期规则，充分利用了这场经济衰退所带来的机遇。它为了核心产品的创新而主动出击，这种反周期资本支出战略甚至已经构成了芯片制造商英特尔公司的管理哲学和文化基础。所谓的“通过反周期缩减开支来保护现金流”指的就是在经济衰退开始前，企业经营者们运用反周期性法则，反周期地缩减资本支出，以此来保存各自的现金流。这种策略是周期掌控型战略中一项非常重要的措施。1995 年，潘石屹创立了 SOHO 中国公司——一家以“建立新概念北京”为口号的房地产开发公司。为了推广 SOHO 公司提出的“小型办公，家庭办公”这一新概念，潘石屹企图创立一种家居文化：中国的企业家可以在同一个地方办公和居住，居住地点和办公地点完全无界限。

1997 年，为了实现他的 SOHO 之梦，潘石屹开始系统性地利用一场中国房地产价格的崩溃。这一次的战场是在首都北京。当时，1997 ~ 1998 年亚洲金融危机袭来，北京的房地产市场正经受着亚太金融危机所带来的影响。同时，由于中国政府采取了紧缩性的货币政策，当时的货币环境十分让人担忧。房地产市场上需求和投资都急剧下降。然而，独具慧眼的潘石屹注意到了不寻常的一点，那就是土地收购价格也随着急剧下降。

当时的房地产市场看上去非常不景气，但是作为一个周期掌控型管理者，潘石屹在其中看到了两个重要的因素。其中一个因素是他习惯采用的被称为“储蓄指数”的客户指标正在健康发展，这说明居民储蓄增长得很快，随着储蓄的增加，人们积累了大量的现金——购买力！另一个因素是，作为一次对整个体系的十分积极的“调整性冲击”，在 1998 年，政府要求所有国有企业停止为员工“自建”住房，并且建立了一个住房融资体系以推动私人购买住房。

正是因为潘石屹看到了这两个因素，他才迅速地扎进这一被重重围困的市场，开始大规模收购土地，反周期性地储备公司资产。

几年之后的情景又是怎样呢？仅仅在几年之后，公司就将其 SOHO 现代城项目引入了市场。到 2001 年的时候，北京最受欢迎的房产项目就是潘石屹的 SOHO 现代城，销售额达到了 5 亿美元。中国的企业家们即使是在经济衰退时期，也要学会如何通过反周期性地增加资本支出来夺取更多的市场份额。企业家们只有这么做，才能够保证当经济复苏时，各自的公司能够拥有新的生产能力和创新产品，从而赢在了新一轮的起跑线上。

第二节

通货膨胀——钱是如何变没的

谁是通胀和紧缩的幕后黑手

当前社会，通货膨胀和通货紧缩的概念已经变得家喻户晓，即使我们不是经济学家，即使我们并不怎么关心经济学，也还是会听过这两个名词。

所谓通货膨胀，简称通胀，指的是在纸币流通的情况下，当货币供给大于货币实际需求时，货币贬值，从而在一段时间内物价持续而普遍地上涨。究其根源，通胀也就是社会总需求大于社会总供给，说明供小于求。

关于通货膨胀的成因，流传最广的一个理论是：经济规模增长赶不上货币供给率，导致了通货膨胀。这个理论主张通过比较GDP平减指数和货币供给增长作为测量指标，而货币数量的维持则由中央银行来设定利率。弗里德曼说，“通货膨胀是一定会到处发生的货币现象”，因为货币供给量多于需求量是通货膨胀的根本原因。

在中华人民共和国成立之前，国民党在其统治区滥发纸币，造成长时间大规模的恶性通货膨胀。从1937年到1949年，国民党累计发行了1400多亿倍的纸币。这种肆意妄为的行为产生的恶果就是物价上涨了85000多亿倍，实乃古今中外罕见。这种情况下的货币几乎就没有什么购买力可言，到最后几乎变成废纸。

马克思曾经说过：“战争是对外的掠夺，通胀是对内的掠夺。”所以尽管通货膨胀有其积极的一面，比如说通胀期的低利率往往使得外来资金不愿流入，这样就可以缓解外来流动资金的涌入，保护本国企业。但是更多地，通胀给我们带来的都是不良的影响，包括经济发展、收入分配、对外关系等方面。

在经济发展方面，通货膨胀不利于经济的稳定、协调发展。通货膨胀导致的物价上涨，使得价格信号失真，容易误导生产者，带来盲目的生产与投资，造成国民经济的畸形发展，使产业结构和经济结构非正常化，从而使整个国民经济的比例失调。当通货膨胀引起的经济结构畸形化继续发展达到需要矫正的状态时，为了抑制通货膨胀，国家必定会采取相应措施，其结果就是生产和建设的大幅度下降，导致经济的萎缩；收入分配方面，通货膨胀导致货币贬值，对于低收入人群来说，很多东西都买不起了，所以生活水平不断下降。当通货膨胀持续影响物价时，就会影响社会的稳定了；对外关系方面，通货膨胀会降低出口竞争能力，同时也会使汇率贬值。

每一次通胀就是一次社会财富的重新分配，通常会使得贫富差距的表现更加突出，富者愈富，贫者愈贫。

物价的持续上涨，负面影响最大的是低收入阶层。控制通货膨胀就要依靠货币上与财政上的共同限制。政府既要控制借支，使其不能过于容易，其自身也不能超额贷款。这个观点的着重点在于中央政府预算赤字与利率，以及由经济生产力所推动的通货膨胀。

而所谓通货紧缩，简称紧缩，指的是当流通中的货币减少，消费者持有的货币减少，消费者购买力下降，从而影响物价之下跌，形成通货紧缩。如果通货紧缩持续很长一段时间，则会对投资与生产产生抑制效果，还会导致失业率升高及经济衰退。与通货膨胀相反，根据基本的经济学理论分析，通货紧缩是由于过度供给与需求不足导致的。

全球金融危机爆发以后，在2008年召开的IMF第十八届部长级会议上，易纲强调，金融危机比预想中更严重地影响了实体经济，导致的信用紧缩已经明显增加了一些经济体通货紧缩的风险。他还明确提出，各主要国家政府和央行更要加强协调政策，既要继续抑制去年以来开始抬头的通胀压力，更要警惕通缩的出现。

尽管通货紧缩有助于提高消费者购买力，但持续的通货紧缩则会导致债务负担加重。消费者消费意识低迷，企业投资收益下降，使得价格下降与经济衰退相互影响、恶性循环，会使国家经济陷入严峻的局面。通缩的危害在于，表面上物价是下降了，实际上，由于持有资产实际价值缩水了，银行的抵押贷款却没有减少，这就在暗中增加了个人和企业的负债。拿按揭购房来说，通缩带来的后果就是使购房人所拥有的房产价值远远比他们所承担的债务低。

日本的经济紧缩已是世人关注的重心。曾有多位著名经济学家合力写过一本关于这方面的文章，名为《防止通货紧缩——从日本1990年代的经验学功课》由联准会发表。20世纪90年代初，日本经济在刚刚经历过泡沫破灭后，就又迎来了通货紧缩。其时，日本经济增长为负，这种负增长使日本的经济丧失了活力。不管是土地价格还是股票价格都急剧跌落，物价的下跌甚至一直持续到现在。严重的通货紧缩使得日本的经济形势更加恶化。

优先提高国民消费需求，再以政府的宏观调控为辅助，是解决通货紧缩行而有效的方法，有望舒缓通货紧缩威胁。

石油暴涨让菜篮子轻起来

1999年初，每桶石油价格约为10美元，到了2011年8月12日则涨到了85美元桶，在2008年7月甚至创下了147美元/桶的历史天价。对于我国来说，每年平均石油消耗量约为4亿吨，这样支出就相当于增加了2000亿美元。

不但如此，飞涨的粮食价格、日化用品价格、农产品价格、各种装修装饰用品价格和汽油价格，都是由于石油价格暴涨引起的。随着石油价格对其他商品价格的进一步影响，中国的通货膨胀还将继续加深。为什么石油对于国民经济的影响会这么大？凭什么说石油价格上涨就能引起通货膨胀？这就要从石油的商品属性说起了。大宗商品主要包括能源商品、基础原材料和农副产品三个类别，石油就是能源商品的主要组成部分。大宗商品可进入流通领域，但非零售环节，具有商品属性，是用于工农业生产与消费使用的大批量买卖的物质商品。一般说来大宗商品都可在期货交易所进行交易。就如炒股中的龙头股，石油期货就是大宗商品的龙头。各类大宗商品的价格走势都是与石油期货的价格走势相对应的，石油期货上涨，各类大宗商品也随之上涨，石油期货下跌，各类大宗商品也随之下跌。

石油，是我们生活中必不可少的，它支撑着我们的日常生活。实际上，石油不仅仅具有燃料的作用，它还涵盖了我们生活的各个方面，包括我们的衣、食、住、行。在我们的日常生活中，我们也可以随处观察，不得不承认，我们的生活几乎都靠石油在支撑着。

石油制品成千上万种，所以，石油有“工业的血液”之称，也可以说，现阶段的人类文明实质是“石油文明”。石油非常重要，也因此而成为大宗商品的龙头。所以，我们可以大胆地说，一旦石油价格上涨，我们所有的日常用品价格都会上涨。

2011 年的日本地震，使得全世界的目光齐聚日本。核泄漏引

发新能源的安全利用问题，新能源爆发安全危机，西方国家因此而对石油为主的传统能源更为重视。

由此看来，石油价格怎能不上涨，菜篮子怎能不变轻。现在我们都已明白，石油价格影响着日常生活的成本，那么是什么决定石油的价格呢？这主要是石油的供需关系，和美国石油期货在起决定作用。

首先看石油的供需关系问题。现在，因为石油价格上涨，引发全球性商品上涨，其中既存在通货膨胀推动的因素，也存在能源消耗越来越多而引发价格上涨的因素。美国的《油气杂志》上的数据表明，2010 年世界的石油和天然气总储量总共达到 2013.9 亿吨，依据当前的消耗水平，专家推测，石油将在 50 年内消耗殆尽。如若在石油枯竭前还没有开发出新的能源利用方式，世界性的能源危机就很大可能会发生，进而导致一系列的问题，现代人类文明面临衰弱的危险。

阿拉伯国家是世界石油的主要生产区。然而全球陆地总面积达1.4亿平方公里，而阿拉伯半岛的国土面积只有300万平方公里，仅仅占世界陆地总面积的2%，拥有世界最大的石油探明总储量。人们都说，上天是公平的，虽然阿拉伯国家本是贫瘠的沙漠地区，却是世界油库。但是，上天不可能事事公平。虽然阿拉伯人拥有世界最大石油储量和产量却并不掌握石油的价格，而是石油期货在起作用。

美国石油期货指的仅是在纽约商品交易所交易的轻质低硫原油期货。这种轻质低硫原油期货占世界石油期货中最大的成交量。该品种凭借良好的流动性和很高的价格透明度而成为世界石油市场的重要标尺，所以我们可以说，美国原油期货的价格水平就是世界石油的价格水平。

从另外一个角度看，美国原油期货交易以美元作为基本货币单位，也就是说原油在交易时以美元计价。这就将对我们日常生活起关键性作用的石油与美元挂上钩，并进而由美国控制其价格了。一般来说，美国原油期货的价格走向和美元是相反的。美元走强就代表美元升值，石油期货的价格就下跌，反之亦然。

进一步分析就可以发现，美元的强弱是用美元指数表示的，而美元指数综合反映了美元在国际外汇市场的汇率情况，可以用来衡量美元对一揽子货币的汇率变化情况。在衡量美元强弱程度的时候，两者之间的走向是相同的：美元指数升高的同时美元走强，美元指数降低时美元就走弱。

其实在面对石油价格大幅度上涨的时候，我们可以采取相应措施来尽量防止自己的财富缩水，或者甚至不缩水，比如巧妙地运用以石油为龙头的期货。

假如恶性通货膨胀出现谁会通知我

米尔顿·弗里德曼说过：“通货膨胀总是一种货币现象。”

经济学上，恶性通货膨胀是一种不能控制的通货膨胀，物价迅速上涨的情况下，货币就失去了价值。尽管没有一个普遍公认的标准来界定恶性通货膨胀，一般的界定为每月通货膨胀 50% 或更多。而多数经济学家认为的定义是“一个没有任何平衡趋势的通货膨胀循环”。中国在 1937 年日本发动侵华战争后便陷入了恶性通货膨胀，在 1946 ~ 1949 年达到高峰。政府因开战而大为增加支出，但战后的中国通胀仍在继续。1947 年政府甚至曾冻结工资，亦无果而终。当时的舆论称，在百业萧条的中国，唯一仍在全力开动的工业是钞票印刷业。1947 年发行的钞票最高面额为 5 万元，到了 1948 年中已到了 1 亿 8 千万元。法币的发行量自抗战结束时的 5569 亿元增长到 1946 年发行的 8.2 万多亿元，而后到 1948 年时已激增至 660 万亿元。当时甚至有造纸厂以低面额法币作为生产原料而获利。1948 年国民政府实施货币政策改革，用新发行的金圆券取代原有流通的法币，结果不到一年的时间，金圆券的发行额就增至 1 千万元，甚至地区性银行曾在 1949 年发行了面额为60亿元的纸币。有关恶性通胀的肇因虽有很多争议，可是当货币供给有异常的增加或钱币大幅的贬值，且常与战争（或战后）、经济萧条及政治或社会动荡联系在一起时，恶性通胀便日益明显。西方学者认为，首先由于政府的需要，大量增加货币的供给，这就相当于为恶性通货膨胀的巨额预算赤字融资，这也是所有恶性通货膨胀的共同特征之一。随着货币供给的增加，通货膨胀迅速发展。其次，高通货膨胀引起税收实际价值的迅速下跌，反过来又增加了赤字。西方学者还认为，预算赤字与通货膨胀之间具有一种双向的互动关系，如果必须以货币手段融资的赤字太大，则因此而发生的通货膨胀就会发展为恶性通货膨胀。根据以往的事例，一旦持续的以货币融资的赤字为GDP的10% ~ 12%，就足以引发恶性通货膨胀。

人们对恶性通货膨胀的了解比较少。光从名字来看，会觉得恶性通胀就是过度的通货膨胀。但这个说法不完全准确，因为通货膨胀可能不一定就是不好的现象。1913年美联储刚成立时，通货膨胀就一直维持在每年3.5%的平均水平，但是美国在20世纪仍然取得了前所未有

的经济增长和财富创造成果。

恶性通货膨胀并不是通货膨胀的延伸或放大，两者是截然不同的。尽管看起来都是货币在某种程度上失去了购买力，但实际上它们并不相同。通货膨胀是经济过热时，由于经济增长，加上消费品价格上升，导致经济体的消费品需求量大增，迫使所有商品和服务价格上涨，而恶性通货膨胀是对货币失去信心。

大多数情况下，外生性因素如主权货币被抛弃、战争、猖獗的贪污或政权更迭等，才是引发恶性通货膨胀的真正原因，而不是违背民意的政府赤字开支和高水平债务。这些外部事件导致了公众对货币失去信心，从而引起税务系统崩溃，迫使政府需要借助疯狂印钞来填补缺失的信心。然而信心缺失最终还是没有被填补，于是就引发了恶性通胀。

货币只不过是交换的媒介，一旦没有人承认它，发行再多也没有价值。在《当货币死亡》一书中，弗格森描述了魏玛共和国在 1920 年出现恶性通货膨胀的大萧条，那是一个饱受战争与动乱蹂躏的政府。经济的动荡使得《凡尔赛条约》中外国占领鲁尔、战争赔款等带来的国家财政的应变能力下降的问题加剧。

德国金融家卡尔·梅尔基奥尔很好地总结了 1921 年德国的情况："不用着急还钱……我们可以通过初期两三笔外国贷款援助来缓解危机。因为当时外国政府已经意识到，这么一大笔钱，只能通过庞大规模的德国产品出口来实现，可是这样就会对英国和美国的贸易造成巨大打击，所以，那些债权人最终会找上门，然后自求削减德国对其债务。”其实包括中国、美国在内的许多国家或多或少都存在这些因素，但是从货币的诞生到灭亡，或者说从经济的常态到恶性通货膨胀，要走的路很长。中国或者美国并没有出现货币崩溃的最重要因素。

假设美国或中国发生恶性通胀的概率极低，美国也从来没发生过经济崩溃而且又没有以外币计价的债务，这样的前提下一旦美国人的信心急剧下降，整个世界的货币储备体系也将毁灭。美国最大的问题也许就在于应对通胀时的政策是否行之有效。迄今为止市场对美国的CDS价格债券收益率维持在最低恰恰就说明了这一点。

不管怎么说，恶性通货膨胀不能简单地理解为高通胀。它是一种导致民众对主权货币信心完全丧失的无序的经济发展。政府债务和赤字开支会加剧通货膨胀，但是还达不到出现普遍恶性通货膨胀的条件。

如何应对通胀之后的通货紧缩

建立在用借来的钱支持消费和投资，从而对商品价格施加影响的基础之上的通货膨胀，由于劳动力过剩最终将会扼杀通货膨胀的预期，因而是不可持续的，今天的通货膨胀就是这种类型。经济周期的繁荣期过后，需求在债务负担的作用下将比劳动力过剩不存在的情况下下降得更多，而且就算生产能力比正常情况下还高，需求还是会这样。这几种因素综合作用，就会使经济陷入通货紧缩。

一旦出现上述情况，央行就可能提高利率来预防生产成本降低引发的通货紧缩，这是“歪打正着”，动机也许是错误的，但是采取的行动是正确的。降低利率使得过去诱发债务的泡沫正在缓解目前或者稍后的通货紧缩压力，而正确的应该是以遏止资产泡沫以阻止未来很可能会出现的通货紧缩为动机。通货紧缩指的是物价的全面持续下降，并且和通货膨胀共同构成一个完整经济周期的两个阶段，像人呼吸时肺的收缩期和扩张期，一呼一吸间就构成了一个完整的循环。

当通胀持续影响经济发展与消费的时候，国家一般会采取相应的紧缩政策缓解通胀的危害，然而一旦出现严重的通货紧缩，产生的后果将会比严重通货膨胀更加可怕。1923 年凯恩斯分析了 1914 年 ~ 1923 年英国物价水平的变动，并在《币值变动的社会后果》中指出：“1914 年到 1923 年，所有国家都出现了通货膨胀现象，也就是说，相对于可购买的物品而言，支出货币的供给出现了极大地扩张。从 1920 年起，重新恢复对其金融局势控制的那些国家，并不满足于仅仅消灭通货膨胀，因而过分缩减了其货币供给，于是又尝到了通货紧缩的苦果。”

在他看来，通货紧缩的后果就是社会生产活动陷入低谷期。他同时还指出：“无论是通货膨胀还是通货紧缩，都会造成巨大的损害，两者对财富的生产也同样会产生影响，前者具有过度刺激的作用，而后者具有阻碍作用，在这一点上，通货紧缩更具危害性。”由于通货紧缩的再分配效应于生产者不利，而生产者大部分都是借的生产资金，通货紧缩时消费低迷，社会需求减少，生产者就宁愿停止经营，减少借款，把实物资产变为通货，反而比辛苦经营劳作更有益。这就是通货紧缩使社会生产活动陷于低落的原因。

通货紧缩的发生往往伴随物价的下跌，这时消费者为了买到更加便宜的商品，在消费之前会先观望一段时间，等待物价的进一步下跌。但是这样就会使商品的需求量越来越少，商品过剩问题会加剧，导致物价进一步下降。

通货紧缩分两种：第一种是短期通货紧缩，持续时间在1~2年。通常出现在一个经济周期循环的衰退和萧条阶段。在中国，因为实行的是五年经济计划，因此每4~6年就会出现一次，在1998年4月至2000年1月、2002

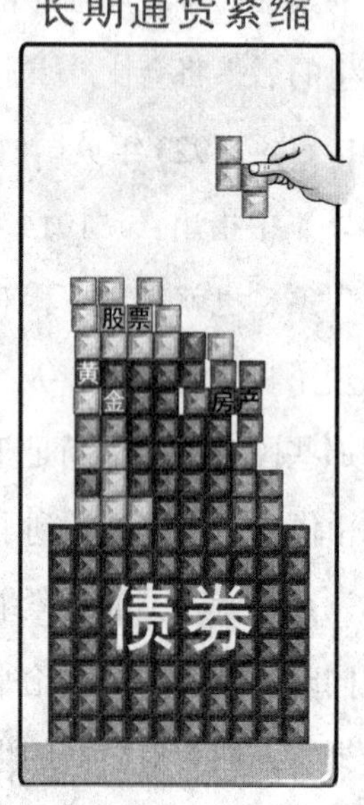

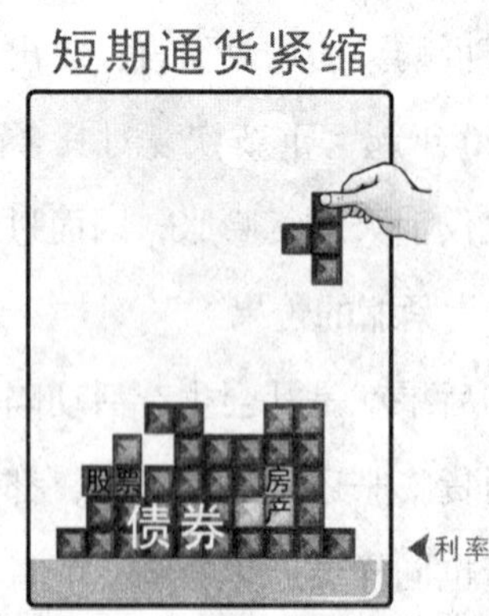

年1月至2002年12月、2008年11月到2009年10月出现的三次通货紧缩，就属于这种短期通货紧缩。

买债券和买股票一样，买的都是预期。因此一旦出现短期通货紧缩，债券就是比较理想的投资方式。在一轮短期的通货紧缩中，中央政府会在通缩开始之前就预期到通货紧缩将会出现，因此就会提前采取降息的政策。这个时候我们就应该买入债券，响应中央政府的预期，同时也能获得财富的增长。在2007年10月到2008年10月的债券价格持续走高就属于这一类情况。

短期通货紧缩中，“买债券买的也是预期”的意思是，在短期通货紧缩开始之前，在国家预期到通货紧缩的到来而采用降息政策的时候，买入债券。一旦通货紧缩趋于稳定，国家预期到通货膨胀将成为未来趋势而采用升息政策的时候，就应该考虑减持债券了。

第二种就是长期通货紧缩，像日本的通缩那样。虽然目前为止中国还没有发生过，但也不排除出现的可能。那么，一旦出现长期通货紧缩，应该怎么办呢？

方法有两种：一是坚持以债券为主的投资方式；二是对股票、房地产、黄金等价格波动较强的理财产品，进行波段操作。1994年到2011年，日本股市的整体运行呈不断下跌的趋势，不断刷新价格低点。这是长期通货紧缩，经济萎靡导致的必然现象。但此期间，日本股市也出现过三次大幅度的反弹，这是在通货紧缩的大趋势中，由经济回升在股市上所表现出来的中级反弹趋势。

实际上，对于股票、房产等价格波动较为剧烈的投资品，在经济反弹的同时对其进行波段操作，算得上是一条可行的财富增长方式。

综上所述，假如是持续时间在1~2年的短期通货紧缩，那么在利率持续下降的时候应该以债券为主要的投资理财方式。通货紧缩趋于稳定之后，预期到未来经济将继续成长，不会再出现更差的情况了，就可以开始买入股票、房产等在将来会获得较好收益的投资品。而假如是长期通货紧缩，就应该以债券投资为主，对股票、黄金、房地产等进行波段操作了。

第三节

经济危机——都是贪婪惹的祸

始于华尔街的全球金融海啸

2008年9月，美国雷曼兄弟公司申请破产保护、美国银行收购美林证券……一场金融危机从华尔街开始，以前所未有的广度和深度冲击着全世界的神经。这有力地证明了美国次贷危机已经进入新的发展阶段。各国政府以及银行为避免国际金融秩序陷入混乱，纷纷出台一系列措施应对此次危机。美国次贷危机已持续14个月。其间，美国政府采取了大幅降息、巨额注资、增加市场流动性等多种方式救市，但均未扑灭华尔街熊熊燃烧的金融大火。贝尔斯登、雷曼兄弟公司、美林、房利美、房地美、美国国际集团……昔日华尔街一个个叱咤风云的角色相继“沦陷”，或“卖身”求存，或被政府接管，或走上破产之路。美国媒体惊呼，华尔街正陷入20世纪30年代大萧条以来最严重的金融危机中。尽管华尔街形势已经水深火热，美国经济学家却并未就美国经济已陷入衰退达成共识。从官方到媒体，几乎都还是将这一危机定义为单纯的金融危机，而不是意义更广泛的经济危机。根据年初油价和其他大宗商品价格飞涨的情况下取得的数据，美国经济整体仍在扩张。尽管未来具有不确定性，但目前油价及大宗商品价格的降低可能会为经济增长提供支撑。

反思本次次贷危机的过程，美国方面认为导致这场金融危机的最根本的原因究竟是什么？

美国当今的金融体系被舆论界喻为“一位处于重症监护的病人”，并且已经病入膏肓，非市场自我治疗能解决，究其“病因”，则是多方面的：首先是举债过度。美联储前主席格林斯潘长期维持低利率政策，借款价格过低，间接鼓励了人们借贷搞房地产，引起了股市和房地产的泡沫。仅2002～2006年，美国家庭贷款就以平均每年11%的速度增长，远远超过了整体经济的增速。而金融机构的贷款年增速也达到了10%。而一旦像现在这样房价暴跌，贷款人却无力还款。

其次，美国金融监管结构没有跟上金融发展的脚步。在过去10年，金融业频频搞创新，衍生出各种令人眼花缭乱的产物，使得全球金融机构的联系盘根错节，这就使得此轮金融危机不同于历史上任何一次金融危机。此外，美国金融监管体系在经济扩张期内存在诸如负责整体经济稳定的美联储只负责监督商业银行，而无权监管银行的结构性漏洞。

随着美国著名的投行雷曼兄弟公司宣布破产，华尔街骤然掀起了人们始料不及的剧烈金融风暴，并迅速席卷美国及与美国相关联的全球经济。这条承载着美国梦想的著名金融街上，如今，著名的五大投行只剩下摩根和高盛公司，且硕果仅存的这两家公司宣布其主要业务将向传统银行方向转变。不仅美国经济因此陷入了危机，受其影响，巴西圣保罗股市也在发生着剧烈的动荡。2008 年 9 月 15 日，圣保罗股市迎来“黑色星期一”，股指猛跌 7.59%，成为“9 · 11”恐怖袭击事件以来跌幅最惨的一天。16 日，受美国政府出资挽救美国国际集团影响，圣保罗股市回升 1.68%。不过，这种景气仅维持了一天。17 日，股市刚开张就跌，当日股指跌到了 2007 年 4 月以来最低点。18 日下午，股市“多云转晴”，股指回升，最后以 48422 点收盘。19 日，美国政府出台应对信贷危机的一揽子计划后，圣保罗股市再次受到鼓舞，股指一天内上涨了 9.57%，成为“9 · 11”恐怖袭击事件后单日升幅最大的一天。巴西当地的媒体对股市的两起两落，以及外汇市场风向的骤转发了连篇累牍的报道，连老百姓也对此议论纷纷。然而幸运的是，美国金融危机当时只影响到了巴西的股市，对其他金融部门未产生影响。银行业、保险业和房地产业以及其他经济部门都尚未传出因受牵连而面临倒闭破产的消息，泰然处之，平静应对。

同时，为了应付市场动荡、稳定投资人信心，巴西政府也采取了一系列措施，再三强调国内经济并没有出现大的波动，并表示要增加政府信贷资金，同时也承诺会适时干预外汇市场。

至于身处东南亚的泰国来说情况也大致相同。泰国中央银行表示，由于雷曼在泰国没有设立分行，泰国商业银行与雷曼的业务量也不大，因此雷曼兄弟的破产对泰国金融机构的影响是很有限的。泰国14家商业银行提交的资料显示，商业银行共持有雷曼兄弟信贷和债券43亿铢，约计1.24亿美元，占泰国商业银行在海外投资总额1020亿铢的1.3%，处在较低水平，不会动摇泰国银行体系的稳定性。受影响最大的是泰国最大的商业银行——盘谷银行，持有雷曼兄弟35亿铢的债券，折合1.02亿美元。雷曼在泰国为两三家不动产上市公司放贷，投资开发的项目尚未竣工。雷曼破产导致这些项目暂缓，其中一家受影响的上市房地产公司股票下跌30%。当年泰国中央银行行长还表示，美国金融风暴总体而言不会直接影响泰国金融机构。目前泰国国内金融机构的资金流动性也仍处于良好水平，并不需要央行注入额外资金，但是也承诺会密切追踪事态发展，在必要时注入资金。经历1997年金融危机之后，泰国方面的风险意识已经大大增强。

随着经济全球化的进一步加深，中国经济同世界经济融为一体的趋势进一步增强。作为东西方两个不同的经济大国，现在的中美经济诚如中美经济战略对话时美国财政部长说的那样，关系紧密。正是从这个意义上看，美国发生剧烈的金融危机，一定会对中国经济产生影响。但是华尔街危机对中国经济的影响有限，是基于当前中国经济增长的动力构成以及中美经济相关度的考虑。

当前，我国经济发展的内部困难不少，经济持续增长外部因素的不确定性也在加大。毕竟美国是巨大的经济体，对华尔街危机的影响还要继续观察，现在，华尔街危机对我国影响有向实体经济蔓延的势头。所以，要办好自己的事，强身健体，提高警惕，谨慎应对，加强监管，防范风险，稳定社会经济发展预期。

经济危机还会爆发吗

还记得1816年的大危机吗？还有1826年的、1837年的、1847年的那一场？1857年的，以及1866年的？每次危机的间隔大约都是10年。从那之后危机要少一些，但10年的经济周期是否可能仍然存在？最近一次的衰退发生在1895年，当时的英国与欧洲大陆由于黄金与矿业股票引发了危机。因此，现在可能又到爆发危机的时间了吗？

1997年7月，随着泰国国内汇率的变化，引发了一场范围广、影响深、持续时间长的金融风暴。不久，金融风暴波及亚洲其他地区形成了震惊世界的亚洲金融危机，中国香港、韩国、日本、中国台湾等先后出现了公司破产和经济萧条的景象。

十年过去，2008年到来，世界经济无疑是又一次进入多灾多难的一年。美国次贷风暴掀起了新的一轮金融海啸。雷曼公司宣布破产，众多银行不得不以贱卖的形式补贴欠款，甚至连昔日的财经巨头摩根也不得不寻求新的合作伙伴。

席卷全球的金融危机和通货紧缩来了，媒体还在大肆渲染，在我们眼里，它们就像《伊索寓言》里那个喊着“狼来了”的牧羊少年。美国次贷危机引发的金融危机已蔓延成全球性危机。

美国经济自 1897 年以来一直在快速增长，仅仅偶尔受到一点小小的阻碍。到 1907 年，美国的出口在 10 年之内几乎翻了一番，货币供给也相应增长，金融机构的总资产从 91 亿美元增长到了 210 亿美元。这段时光的确非常美好，难怪罗斯福总统在 1906 年 12 月提交国会的报告中这样写道："我们仍然继续享有毫不夸张的空前繁荣。"

经济危机指的是一个或多个国民经济或整个世界经济在一段比较长的时间内不断收缩（负的经济增长率），是资本主义经济发展过程中周期爆发的生产过剩的危机，是经济周期中的决定性阶段。自 1825 年英国第一次爆发普遍的经济危机以来，资本主义经济从未摆脱过经济危机的冲击。经济危机是资本主义体制的必然结果。由于资本主义的特性，其爆发也是存在一定的规律。

在资本主义经济的发展过程中，经济危机是周期地重演的，危机与危机之间的间隔表现了一定的规律性。自 1825 年英国第一次发生普遍的生产过剩的经济危机以来，随后发生危机的年份是 1836 年、1847 年、1857 年、1866 年、1873 年、1882 年、1890 年和 1900 年。

在资本主义自由竞争阶段以及向垄断资本主义阶段过渡时期，每隔十年左右就要发生一次这样的经济危机。进入 20 世纪，在 1900 年危机之后，至第二次世界大战以前，又发生了 1907 年、

1914 年、1921 年、1929 ~ 1933 年、1937 ~ 1938 年的经济危机，每隔七八年就发生一次。

对于这个贫富差距的难题，世界无人能解。富人通通都是赚穷人的钱才成为富人，但穷人的钱都是极其有限的，其实消费不了多少东西，所以说这种赚钱方式是非常容易突然断流的，于是就产生了一次又一次的经济危机。美国金融危机已造成美五大投资银行不复存在，欧洲和日本金融业陷入困境，部分发展中国家金融频频告急。

据美商业银行公布的数据，美国有 62 万亿美元的信用违约掉期（CDS），其中有 500 万亿美元的被托管后的“两房”问题借款，20 万亿美元的汽车、学生、信用卡、商务等私人债务，200 万亿美元的商业抵押贷款，7 万亿美元的寿险公司、信用联盟、地方政府财务公司及投资银行的债务或贷款，3 万亿美元的 500 家以上中小商业银行贷款。

相对于可能产生的庞大的信用违约金额，美政府投入的救市金额可谓是杯水车薪。美金融危机的源头在房价，短期内房

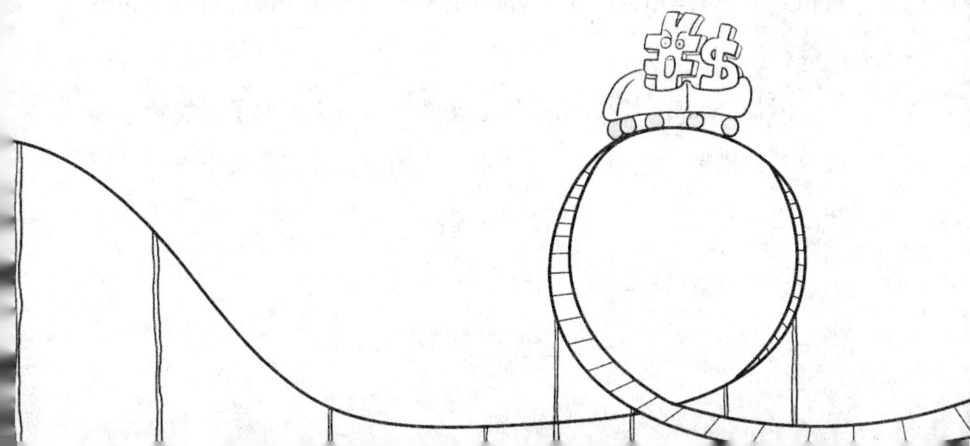

价回升的可能性几乎为零。房价不稳，由房地产按揭贷款引发的金融危机就难脱困境。但与美政府信心喊话相反，许多迹象表明这场危机目前仅走过半程，完全走出金融危机的阴影可能需要三五年。经济危机的现象，在第二次世界大战以前和战后有所不同。但共同点是：商品滞销，利润减少，导致生产（主要是工业生产）急剧下降，失业大量增加，企业开工不足并大批倒闭，生产力和产品遭到严重的破坏和损失，社会经济陷入瘫痪、混乱和倒退状态。

生产下降和失业激增，是战前与战后经济危机的共同的主要标志。战前与战后不同之处，主要是在货币、金融危机方面。在战前的危机中，一般是通货紧缩，物价下跌，银根吃紧，利率上升，银行挤兑并大批倒闭；而在战后的危机中，由于国家垄断资本主义采取膨胀政策以及其他原因，从 1957 ~ 1958 年的世界性经济危机开始，各主要资本主义国家在危机期间都出现了通货膨胀、物价上涨的反常现象。

主要表现是：商品大量过剩，销售停滞；生产大幅度下降，企业开工不足甚至倒闭，失业工人剧增；企业资金周转不灵，银根紧缺，利率上升，信用制度受到严重破坏，银行纷纷宣布破产等。

但是“二战”后，由于国家垄断资本主义采取了通货膨胀政策及其他措施，致使各主要资本主义国家在经济危机中出现了生产停滞与通货膨胀同时并存的现象。

亚洲金融危机与新兴经济体的快速崛起

至今，亚洲的崛起仍为不少人所津津乐道，尤其是在由美国的次贷危机引起并进一步扩大到全球性的金融危机刚刚过去的现在，美国的各行各业都受到了前所未有的冲击，欧洲的经济也避免不了其威力十足的破坏力。

“二战”结束后，亚洲等国家通过调整经济发展战略，重视教育，善于采用先进的科学技术，终于崛起了。但是随着日本、新加坡、韩国、印度等亚洲国家的经济的快速发展，经济发展的漏洞也不断地扩大，终于在 1997 年的 6 月，一场无可预知的金融危机在亚洲爆发。

从 1998 年的亚洲金融危机到现在的全球金融危机，亚洲已经建立了一个地区性的生产体系。先不说亚洲外的其他国家，单就亚洲自身而言，其内部尤其是各行业间的竞争就已经非常激烈，但对亚洲国家及其政府而言，现在相互依赖的感觉更为强烈。

亚洲抓住发达国家向外转移劳动密集型产业的机遇，引进外资和技术发展劳动密集型产业，由此不言而知的是，以中国为代表的亚洲的生产体系主要是由发达国家的企业建立并为其服务的。发达国家的企业提供了概念、知识产权、工业技术、品牌和销售，我们则为其提供廉价的土地、劳力、资源，甚至是补贴。

在这样的一个经济运行模式中，亚洲意味着什么呢？

宏基集团的创始人施振荣曾经将这种普遍模式比作一张笑

脸，也就是我们现在所说的笑脸曲线，曲线的特点是：曲线的起点和终点两端是最大附加值所在之处，起点是创新和技术，终点是品牌和销售以及客户渠道，而最低附加值就位于曲线的中点，这是廉价的劳动力等。由此看来，在这样的一个经济大环境中，亚洲人只有学会如何开发、保护和利用自己的知识产权，而不是抄袭和非法使用他人的知识产权，才能够在世界中占据一席之地，才会有说话的权利。

在经济危机的大背景下，我们必须抑制将亚洲的崛起视为一种无法抗拒或一帆风顺的冲动。当今世界是一个充满变数和激烈竞争的世界，更处在一个无法预知的时期。

在全球金融危机爆发之前，尽管美国人和欧洲人及其企业仍将其目光投放在这里——亚洲，但那时的亚洲，也不过是众多具有发展潜力的地区之一。但在全球金融危机结束之后，亚洲已经成为了更多企业首选的战略重心。无论是美国，还是欧

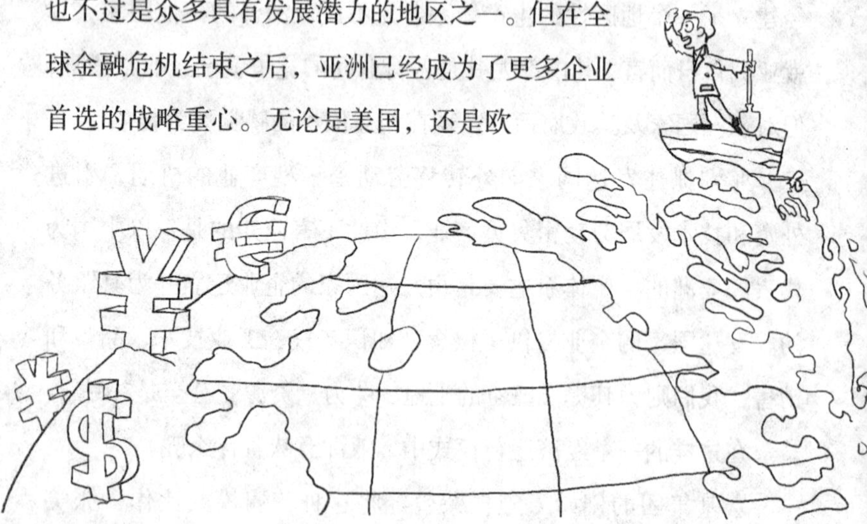

洲，它们将更加关注亚洲，并在亚洲投入更多的资金、管理的时间和最优秀的人才，亚洲已经成为了一颗璀璨的明珠，光芒四射，无时无刻地吸引着全世界人民的眼球。

目前的世界经济增长格局开始呈现两极分化趋势，而新兴经济体的崛起也意味着经济格局的逐步裂变。新兴市场在全球黯淡的经济面前，无疑是21世纪最为璀璨的一颗明星。而这一大趋势其实早在20世纪末就依稀可见：全球主要股市的年度冠军自1996年起就都来自新兴市场。然而新兴市场的崛起也并非一帆风顺。1996年，位于泰国曼谷市中心的顶级酒店——悦榕庄建成，该酒店高61层楼，到了1998年，英国《商务旅行》杂志说，这是整个新兴市场最好的三家商务旅馆之一。1996年的泰国街头，处处大兴土木，曼谷SET指数过去四年都在1200点到1400点之间震荡，1993年的时候还冲到了1800点的历史天价。

其实，泰国的繁荣在东南亚等国处处可见。我们发现，即使遭遇了区域型的金融危机，由于每个新兴市场都有自己的循环周期，危机过后其投资亮点依然闪烁星空。不管是1997年的亚洲金融风暴还是2008年的全球金融危机，都给泰国这样的新兴市场的股市带来了很大影响。不过机遇总是与危机相伴，中国作为新兴市场最大的经济体，在金融风暴过后依然屹立，金砖四国也悄然崛起，从此拉开新兴市场新的一页……

如今，这段历史已经过去十几年，对于在全球化持续进行的过程中出现的一边大涨、一边大跌的状况，投资人可能会觉得很惊讶。其实这是有一定道理的，新兴市场大部分接触资本市场的历史都相对有限，对于该市场走势的发展，其本身市场的经济政治因素的影响比国际影响要大，因此在全球投资的范围中，哪怕受到了亚洲金融风暴这样严重的打击，新兴市场的投资人依然可以通过资产配置的方式增加持有东欧以及当时相对平稳的拉丁美洲的股票，这样就仍然有机会在新兴市场取得相应的获利。

最后，我们来下个简单的结论：当年的亚洲金融风暴并没有打倒所有新兴市场，相反，正是由于这样的危机，新兴市场开始崛起，因为市场的多元性能让全球新兴市场随时保持生机。

危机来袭，电器行业路在何方

自从1825年英国第一次爆发经济危机以来，资本主义经济就从来没有摆脱过经济危机的冲击。经济危机是资本主义体制的必然结果，由于资本主义的天生特性，经济危机的爆发也是存在一定的规律。

经济危机爆发的可能性，在简单的商品生产中就早已存在，这是与货币作为流通手段和支付手段联系起来的。但是，只有在资本主义生产方式占领统治地位以后，经济危机的爆发才变成了现实。随着简单商品经济的矛盾，即私人劳动与社会劳动之间的矛盾发展成为资本主义的基本矛盾，经济危机的发生就变得不可避免了。经济危机还在继续，中国的实体经济开始受到影响，而在电器领域，一些国际巨头仍在有条不紊地加强在中国的部署：通用电气公司在杭州建成内燃机组装备线、ABB集团扩大厦门中压

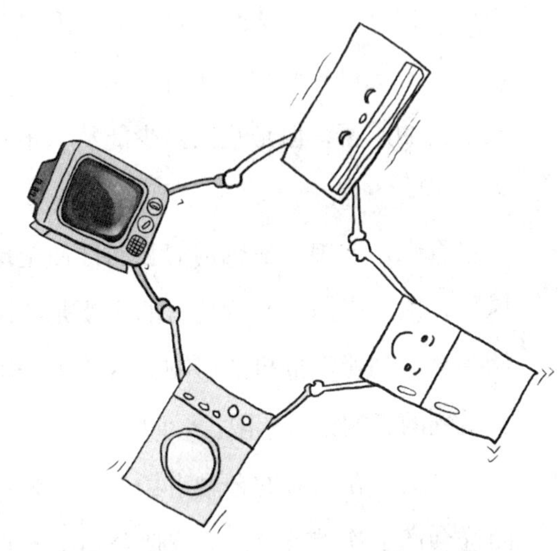

产能、阿尔斯通宣布中国将占其全球业务的35%。而相比起外企在华的积极，国内企业就显得谨慎和低调了。这时候，中国本土企业面临着比平时更为严峻的考验：一方面，要忙于守，在中国的本土市场上，国内企业能否抵挡得住国外品牌及产品的冲击，守住自己的市场份额甚至进一步扩大本企业在中国的市场份额？另一方面，在守住国内市场的过程中，中国的本土企业是否有足够的财力和政策资源支持其在海外的扩张？这恐怕值得本土企业深刻思考。

经济危机爆发的主要原因是资本主义基本矛盾，即生产的社会化和生产资料私有化之间的矛盾。资本家由于追逐高额利润，拼命地扩大生产，不断地对工人进行剥削，结果使劳动人民的支付能力落后于社会生产力的增长，市场上的商品不能销售，造成

生产的相对过剩，从而引起经济危机的爆发。

经济危机正密切影响着中国。虽然中国并不是主要受经济危机冲击的国家，但是我国至少能从以下三个方面感受经济危机带来的影响：

首先，美国金融机构的脆弱性使全球金融体系面临着很大的风险，由于中国官方所持有的主要是美国国债，因此，中国外汇储备会受到经济危机的影响，尽管由于国债的风险性低，外汇储备受到的影响会较有限。

其次，在所有的金融市场上，对公司的资本估值已经缩水，而这会产生连带效应，不仅使公司融资难度加大，公司的融资成本也将大幅度增加。

最后，比起上述的两点，消费需求的萎缩，会是中国在经济危机中面临的最大问题。作为中国的第二大出口市场，美国的经济衰退所导致的民众信心不足以及购买力的萎缩，会使中国的出口面临需求下降的局面。尽管消费需求萎缩对中国经济的影响在短时间内不会显露，但是它迟早还是会出现的。因此，中国公司最好根据两年或更长的时间跨度，来调整对美国出口的预测。

经济危机是中国企业走出去的好机会，因为国外企业的价值被低估，是国内企业对国外企业收购并扩大发展的好时机。可是，因为海外经济危机的影响，又因为中国市场的巨大和政府对于基础设施建设的鼓励，使得中国成为众多外资企业释放其压力的极好市场，西门子、施耐德电器等国际巨头在华的产品线已开始在向中端甚至低端拓展。

当前的国际经济危机对我国工业电器民营企业的未来发展形成了严峻挑战，到底国内电器行业的路在何方?

改革开放30年来，我国电器企业靠着胆大、拼搏、吃苦耐劳、勤奋创业起家，不断做强做大。进入21世纪以来，企业经营环境不断变化，市场竞争更加激烈，面对电器的原材料和工人的人力成本不断上升的压力，面对人才紧缺的环境，电器企业在走向成熟、向百年老店跨越的过程中遇到了困境。因此，面临当前的经济形势，面对国家扩大内需的政策，国内电器企业首先要以一个好的心态去应对，我国电器企业的企业家要端正心态、以健康的心态去应对；另外，很多企业的危机都是内忧引外患，所以电器企业应善待员工、善待社会，增强企业素质和体质，由人治走向法治；此外，还要加强我国电器行业的创新精神，发展新型技术，借鉴国内外先进技术，创造出更多受消费者喜爱的新型节能电器；最后，要加强企业内部科学管理，企业要做好足够的资金准备，以良好的现金流、较低的负债率、低库存应对当前经济危机，安全平稳过冬。

面对经济危机，国内电器企业要团结起来，互助合作，抓住国家扩大内需的机遇，把企业做好，同时建议国家：一是要加大投资力度积极扩大内需；二是要采取有力措施支持我国电器企业；三是要对国内电器企业适度减少税收；四是要开放金融信贷政策；五是放开行政审批，加强对垄断行业的改革；六是要通过政策鼓励支持国内电器企业走出国门，从而帮助我国电器行业渡过经济危机。

青年创业如何把握危中之机

新的一年开始，寒潮随之而来。与千变万化的天气比较，因为金融危机而引起的“找工作难”现象更让我们烦恼。各种跟金融危机扯上较大关系的外向型企业、跨国公司，以及进出口贸易行业、物流行业都受到很大的影响。从以往的经济危机的历史经验看，金融危机对中国经济有两方面的作用：一种是拉低的作用，表现为拖后腿；另一种是推升的作用，表现为促进。比如，1991年的世界经济危机，就造成中国出现外贸订单减少，出口困难，国内失业增加的现象；1998年东南亚经济危机正好相反，东南亚危机后，中国逆势上扬，取代东南亚成为世界工厂。

金融危机在我们生活的方方面面都有着一定的体现，可能接下来几年各行各业都将有个新的调整，导致经济发展速度下降，业务量大大减少，各种人才也变得供过于求。

金融危机是在我们意料之中到来，很多的企业都会展现一种自然界最原始的法则：优胜劣汰，由扩张型企业向收缩型方向发展。所以，企业转型成功后，应对由此而造成的就业数量的落差问题，使得需要就业的人所开创的新的职业生涯直接影响着国富民安。高等教育日益普及，加上金融危机的影响，人才竞争更为

激烈，就业压力也越来越大。然而，“危机”其实也有着另一层的含义，我们可以这样理解，“危”的后面跟着“机”，即危险中也存在着机遇。

在2008年的后半年，针对国内经济发展的形势，中央作出了一个新的规划，就是投资4万亿元来加快国内的经济增长。显而易见，这4万亿是一个很大的商机，谁如果能创新，能有独特的创意，那么他就有可能成为4万亿的受益者，这都是有可能的事情。因为这样，创业可能会是日后大学生就业的一个重要的方向。最近这几年，从中央到地方，创业带动就业，带动民生，促进社会和谐发展，作为一个重大政策，受到国家的极度重视。国家采取了很多效果明显的措施，这个政策为青年创业提供了一个很好的平台，但是现在这个政策存在着很多的问题和不足，需要进一步的完善。

第一，我们国家的创业教育还没形成一个完备的教育体系。创业教育是在青年创业的开始阶段不可缺少的，是培养创业意识和增强创业能力的一个方法。我国创业教育还处于起始阶段，受益者范围还不是很广，还没有形成完善、系统的培训体系。

第二，创业服务体系还不是很系统。创业服务是影响创业的外因，是创业成功的一个重要因素。创业服务是创业过程中的资金支持部分，所以是很关键的一环，因为银行贷款必须要有财产抵押和担保，加上烦琐复杂的审批手续，所以尽管国内各地的银行都有设立“小额贷款”，但是对于没有财富积累的青年们来说，这“小额贷款”的机遇还是难以抓住的。尽管各级各地政府和组织做了很多方面的努力，帮助青年创业筹备资金，但是在目前看来，这政府资助的创业基金也仅仅是青年创业基金的 0.7%，这对于青年创业的巨大需求来说是难以满足的。

青年创业不仅展现着个人才智，也展现着一种自我挑战的勇气。金融危机下，青年创业需要把握好机遇，把握好创业的时机。一般说来，选择正确而合适的创业项目是漫长而费时的一个过程，但是创业时机是稍纵即逝的，只要一没把握好，可能它就永远与你擦肩而过了。

但是，创业的道路是很艰辛的，每一个想要创业的青年都需要三思而后行，慎重作出考虑。

那么如何把握好这创业过程中很关键的一步呢。在很多创业者看来，发掘新项目不再是问题，关键是在于评估新项目的价值。商机判断不能只是凭感觉，其判断方法主要表现在两个方面：项目和创业者，创业者主导创业和带领创业团队。从项目的角度来判断，最关键的是从市场角度来判断，这就需要注意以下几个方面：

第一，项目的市场位置。创业者都是缺少经验的，他们总是倾向于新项目，即是在市场上从未出现过的，然而这并不是理智的方法。最好的项目是通过了市场的考验，度过了萌芽期，这才平稳和有发展价值。项目也不能过于成熟，因为虽然风险很小，但是也没有很大的发展潜力。

第二，市场产品比较。假若创业项目有明显的价格优势，也有一定的质量保证，那么这个产品是值得去发展，值得去开拓市场的。

第三，特殊需求。如果是某种市场上前所未有的产品，但是却能满足某种人的特殊要求，这可以成为创业者的一块金矿，一旦创业者能找到这样的市场，成功率会非常高。这样的市场，开拓比较困难，然而一旦市场打开，盈利就会非常可观。并且这种市场小，竞争也小，一般不会有强者来竞争，所以持续性也很不错。

第四，项目控制。这是项目判断的一个极其关键的方面，控制性包括硬资源和软资源。硬资源是原材料，是生产所必需的，如若创业者能控制好的项目，就会是一个好项目。还有就是软资源，要有广阔的市场。

图书在版编目（CIP）数据

经济学越简单越实用 / 栾振芳编著 .—北京：中国华侨出版社，2018.3（2019.7 重印）

ISBN 978-7-5113-7497-4

Ⅰ.①经… Ⅱ.①栾… Ⅲ.①经济学—通俗读物 Ⅳ.①F0-49

中国版本图书馆 CIP 数据核字（2018）第 023338 号

经济学越简单越实用

编　　著：栾振芳
责任编辑：刘雪涛
封面设计：冬　凡
文字编辑：孟英武
美术编辑：张　诚
插图绘制：彭　跃
经　　销：新华书店
开　　本：880mm × 1230mm　1/32　印张：8　字数：210 千字
印　　刷：三河市京兰印务有限公司
版　　次：2018 年 3 月第 1 版　2021 年 11 月第 8 次印刷
书　　号：ISBN 978-7-5113-7497-4
定　　价：36.00 元

中国华侨出版社　北京市朝阳区西坝河东里 77 号楼底商 5 号　邮编：100028
发 行 部：（010）88893001　　传　　真：（010）62707370
网　　址：www.oveaschin.com　　E-mail：oveaschin@sina.com